Chame o gerente!

Vini Schroeder

Chame o gerente!

Tudo que você sempre quis saber sobre restaurantes, mas nunca perguntou ao maître

© 2014 – Vini Schroeder
Direitos em língua portuguesa para o Brasil:
Matrix Editora - Tel. (11) 3868-2863
atendimento@matrixeditora.com.br
www.matrixeditora.com.br

Diretor editorial
Paulo Tadeu

Capa
Daniela Vasques

Diagramação
Alexandre Santiago

Revisão
Silvia Parollo
Adriana Wrege

Imagem da capa: Shutterstock

Dados Internacionais de Catalogação na Publicação (CIP)
SINDICATO NACIONAL DOS EDITORES DE LIVROS, RJ.

Schroeder, Vini
    Chame o gerente! : tudo que você sempre quis saber sobre restaurantes, mas nunca perguntou ao maître / Vini Schroeder. - 1. ed. - São Paulo : Matrix, 2014.
152 p. ; 21 cm.

ISBN 978-85-8230-127-2

1. Crônica brasileira. I. Título.
14-09343
                                      CDD: 869.98
                                      CDU: 821.134.3(81)-8

Um anfitrião que não sabe trinchar e servir é como um dono de uma magnífica biblioteca que não sabe ler.

Grimod de la Reynière

Agradecimentos

Aos meus pais e irmãos, pelo apoio que sempre me deram.

À Fernanda, o amor da minha vida, que, mesmo me deixando louco algumas vezes, entendeu que as coisas precisavam ser feitas e me deu o espaço e o apoio necessários.

Ao Marcos Zibordi, professor que apostou em mim e topou me orientar nesse projeto.

Aos meus mentores no ramo da gastronomia, Sergio Kalil, Paola Carosella, Vicci Domini e Ciro Aidar. Eu não teria conseguido chegar tão longe sem seus preciosos conselhos.

A todos os colegas e amigos que fiz nesse ramo, garçons, cumins, caixas, barmen, maîtres, gerentes, chefs, cozinheiros. Impossível listar os nomes de todos vocês.

A todos que me cederam suas histórias durante as entrevistas, em bate-papos informais, por e-mail e por telefone.

A todos os professores do curso de Jornalismo que me passaram não somente uma matéria, mas um exemplo de profissionalismo.

Aos meus colegas, que aturaram meu mau humor durante esses semestres todos, especialmente Amanda, Priscila, Julia, Bruna, Giuliano, Aline, Daniel e Jamile, que me deu corda para começar a Facu.

É difícil me lembrar de todos, mas espero, pelo menos, poder agradecer pessoalmente aos que não mencionei aqui.

Um forte abraço e *danke schön* a todos vocês!

Sumário

Tapas – Mais na cara do que no prato 13

Entrada – Que muitas vezes é a única saída 19

Salada – Abobrinhas e pepinos básicos 25

Drinques – A arte de beber em serviço 31

Couvert – Hora de enganar o estômago 35

Antepasto – Falando com as mãos enquanto afanavam minhas azeitonas 39

Primeiro prato – Agora, sim, a coisa começa pra valer 45

Um prato vazio – Completamente cheio de nada 49

Uma taça de vinho – Dioniso ou Baco, senhor? 61

Água – Transparência é tudo 65

Segundo prato – Alimentando as expectativas 73

Iguarias – Tudo muito lindo, mas... 81

Pausa para um cigarro – Segurando as pontas 95

Prato principal – O mais importante 103

Sobremesa – Sem açúcar! Doce, já basta a vida 121

Um café e a conta, por favor – Um final quente e amargo ...127

Uma última cortesia – Digestivo? 131

Referências 141

Mais na cara do que no prato

Uma das lembranças mais gostosas da minha infância é uma mesa comprida na sala de jantar da casa da minha avó materna, onde ficávamos sentados diante de pratos maravilhosos. Claro que naquela época eu não estava preocupado com todo o serviço antes, durante e depois da refeição. Eu queria apenas me esbaldar. Parava aí o meu interesse por gastronomia. Para falar bem a verdade, nem sabia o significado desse termo. Só consegui dar a devida importância para técnicas de serviço e ingredientes orgânicos quando já estava bem inserido no mundo dos restaurantes de luxo. Mas o começo não foi assim tão simples, na verdade, nunca é. Foi igual ao de muitos outros colegas de profissão: por pura falta de opção.

Existem muitas maneiras de começar a trabalhar num restaurante. Por acaso, por indicação, por relação familiar, por curiosidade. Não há uma maneira certa, é verdade, mas definitivamente a mais difícil é tentar entrar depois de se formar numa escola técnica. Aí você é visto como um desses apaixonados por gastronomia.

Ninguém em sã consciência diria que é apaixonado por gastronomia sem antes passar por todas as provas que o ramo exige. Acredito que depois de um bom tempo a pessoa realmente precisa se apaixonar, pois só isso explica o fato de alguém sacrificar os melhores anos de sua vida ficando umas 14 horas por dia dentro de um lugar quente e barulhento, sendo que muitas vezes não há tempo para um copo de água ou uma ida ao banheiro. A restauração, como é chamado o meio, não permite nem mesmo que você adoeça. Se tiver a ousadia de quebrar uma perna, por exemplo, será malvisto, menosprezado e percebido como alguém que não é comprometido com a equipe.

Por que então trabalhar nesse ramo tão ingrato? Pelo dinheiro, é claro! Onde mais podemos conseguir um bom salário sem ter experiência anterior e sem nível superior? Nesse sentido, trabalhar em restaurante é uma maravilha.

Mas existem alguns dilemas: a atividade não é muito bem vista e aceita por certas camadas sociais. Na maioria das vezes, nem mesmo pelos próprios funcionários. As pessoas olham para o garçom com um olhar de pena, como se esse emprego tivesse sido a única oportunidade que restou em sua vida. Claro que não estou generalizando, mas é o tipo de preconceito que reina e ao qual voltaremos mais adiante.

O fato é que ninguém sonha ser garçom ou algo do gênero quando criança. Todos querem ser astronauta, cientista, veterinário, jogador de futebol, até bombeiro, mas você não vê o cara dizer: "Eu quero ser garçom quando crescer".

E lá está o sujeito levando bandeja pra cima e pra baixo, tentando se conformar.

Na restauração, as pessoas vivem essa dualidade de paixão e ódio pela profissão. Eu me considero uma delas. Sou apaixonado pela rotina, pelos sabores, pelas pessoas, mas odeio os horários, as condições de trabalho e, principalmente, a falta de informação técnica e profissional por parte dos clientes e donos de restaurantes.

Foi essa situação que me fez entrar para o Jornalismo depois de grande. Sim, grande. Iniciei na gastronomia aos 24 anos, depois de uma desilusão com a carreira anterior, e me encontrei nesse meio, em que segui animado. Então, com 36 anos e quase dez trabalhando em restaurantes, iniciei a faculdade de Jornalismo, justamente porque cheguei a um ponto em que queria aprender mais sobre algumas questões e não encontrava material. Ou, se encontrava, era superficial e desatualizado. Percebi que o mercado gastronômico ficava cada dia mais aquecido, mas não tínhamos material impresso necessário para evoluir no mesmo ritmo. Resolvi transformar essa minha frustração em algo produtivo. Se não existe esse material, por que não escrevê-lo eu mesmo?

Mas eu não queria um livro muito técnico e chato. Precisava fazer algo interessante o bastante para que mesmo o leitor não familiarizado pudesse gostar, numa linguagem que deveria ser envolvente, para que o pessoal que trabalha em restaurante pudesse ler o livro em seu horário de intervalo ou até mesmo no ônibus. Precisava encontrar uma forma eficaz de passar tais informações, para fazer o leitor assimilar o conteúdo sem ter que decorar nada. A fim de criar esses vínculos pretendidos, utilizei exemplos e histórias comuns em restaurantes. Muitas delas vividas dentro de bons estabelecimentos de São Paulo, algumas absorvidas por meio de livros e muitas outras contadas em intermináveis noitadas bebendo vinho ou cerveja em postos de gasolina 24 horas com o pessoal dos restaurantes.

E assim encontrei uma forma de – imagino – passar credibilidade, contando minha própria experiência, entre altos e baixos, conquistas e frustrações, entre malandragens e méritos, entrevistando pessoas que admiro e outras nem tanto, mas que poderiam acrescentar algo de útil, ouvindo reclamações e filosofias de boteco, mastigando algo duvidoso e bebendo uma taça de champanhe ou um copo de catuaba vagabunda ao som de um rock deslocado ou uma *lounge music*. Tudo isso numa atmosfera de fim de expediente única, que só quem trabalha em restaurante sabe o que significa.

Bom apetite!

Que muitas vezes é a única saída

Sabe aquele momento em que você se encontra completamente perdido na vida? Pois é, nesses casos, evite passar diante de um restaurante, para não correr o risco de pedir um emprego. Você pode ser aceito.

Foi exatamente assim que entrei no ramo. Eu vinha de um longo período trabalhando como bancário, numa época em que se trabalhava pouco, ganhava-se bem e todos morriam de úlcera nervosa. Eu saí antes de morrer, mas sofro da maldita queimação no estômago até hoje.

Uma pessoa que trabalha em banco não aprende mais nada na vida. Pelo menos era isso que me falavam quando tentava uma vaga de emprego em alguma outra área.

Pois bem, num desses dias de frustração, me vi subindo a ladeira da Rua Augusta, nos Jardins, em São Paulo.

Na Alameda Franca vi um burburinho em torno de um sobrado simpático chamado Ritz e resolvi entrar. Disse ao barman que queria falar com o dono sobre um emprego. Por uma dessas coincidências da vida, ele, o dono, Sergio Kalil, estava lá. Fui convidado a sentar à mesa onde estavam a chefe de cozinha, a gerente-geral e a gerente financeira, e tomei um café displicentemente. Pensei: "Já tomei um monte de não na cara, que diferença faria mais um?". Pelo menos havia ganhado um café.

– Você já trabalhou em restaurante?

– Claro! – menti.
– Para trabalhar aqui não exigimos experiência. Preferimos até que não tenha nenhuma.
– Bom, na verdade trabalhei umas duas ou três vezes fazendo bico num bar – menti novamente.
– Mas você acha que é bom o suficiente para trabalhar aqui?
– Sou! – menti pela última vez.
– Ok, você começa na segunda.

Nunca imaginei que seria tão fácil conseguir o emprego. Saí radiante, subi a Augusta até a Paulista e fui pegar o metrô. Chegando em casa, disse todo orgulhoso: "Consegui um emprego!". Choveram perguntas: "Onde?", "Como?", "Quanto vai receber?", "O que vai precisar fazer?". E, o mais legal, eu não sabia responder a nenhuma delas. Havia me esquecido de perguntar.

Na segunda-feira, cheguei uma hora antes do combinado e comecei a me familiarizar com a casa. Indicaram-me um garçom cabeludo, mais experiente, para me orientar e mostrar o serviço. Eu estava deslumbrado. O Ritz tinha uma turma de garçons e garçonetes jovens, bonitos e descolados, o som ambiente era moderno e agitado, os clientes eram bem ecléticos, na maioria artistas e personalidades da mídia.

Naquele momento eu tinha me dado conta de que estava trabalhando em uma grande festa e me perguntei: "O que é que eu estou fazendo aqui, meu Deus do céu?". Queria jogar tudo para o alto, aproveitar a festa e me divertir, mas, infelizmente, estava lá para trabalhar.

Com o tempo o deslumbramento foi diminuindo e eu acabava fazendo o serviço de forma bem mecânica. Descobri que nem todo mundo era tão legal assim e, o pior, havia muita gente querendo me ferrar. Mesmo assim, acabei ficando. Bom, o salário também era quase o triplo do que eu ganhava no banco, não dava para ignorar isso.

O atendimento no Ritz era bem informal, garçons e garçonetes podiam se vestir como quisessem, bastava usar um avental e a camiseta da casa, que poderia ser customizada. Ninguém tinha muita experiência, conhecimento ou treinamento, as coisas aconteciam por pura noção. Mesmo assim, alguns erros eram considerados imperdoáveis pelos proprietários e um ou outro atendente era sumariamente demitido durante o serviço. Diante disso, minha regra número 1 era nunca errar um pedido e, se errasse, nunca admitir o erro. Era uma questão de sobrevivência.

Estava indo muito bem, havia decorado todos os pratos do cardápio, mas não significava que eu sabia o que estava servindo. Isso me incomodava muito. Odiava ficar sem resposta ou com cara de bobo quando algum cliente me perguntava algo a respeito dos pratos. Nessas horas, ficava olhando pra cara do sujeito e pensava: "Come logo esse negócio e não me enche o saco com perguntas idiotas". Acredito que era um dos poucos garçons que ficavam na cozinha perturbando os cozinheiros, querendo saber como se preparavam os pratos. Eu não conhecia muitos dos ingredientes que eram utilizados, nunca havia ouvido falar e muito menos sabia como comer uma endívia ou uma echalote. Mas eu realmente estava disposto a descobrir. Confesso que antes de entrar naquele lugar eu nunca havia frequentado um restaurante para jantar. Somente no horário do almoço, na época do banco, e, mesmo assim, eram restaurantes por quilo, uma categoria completamente diferente.

Existem dois tipos de restaurante: um deles serve apenas para você ir e matar a fome, uma necessidade básica, onde o que conta é a rapidez, a qualidade da comida e, principalmente, o preço. Ninguém está muito preocupado com questões estéticas do ambiente ou mesmo dos procedimentos corretos do serviço de atendimento. O negócio é sair de lá com a fome saciada. Já o outro tipo é bem mais complexo. Essa categoria de restaurante não vende apenas comida, vende uma experiência.

Acredito que a maioria das pessoas escolhe ir a um determinado restaurante porque espera ter um momento único e memorável. É comum ouvir dos comensais, como são chamados os clientes de restaurantes, comentários entre eles sobre essas experiências. Contam detalhes que muitas vezes passam despercebidos aos clientes que só vão a restaurantes por causa da comida. Uma experiência positiva envolve todo o processo. Desde o momento em que o carro para na porta do estabelecimento, até a saída, com o carro já aguardando de portas abertas. Todo o processo, entre chegada e saída, é que faz as pessoas voltarem a um determinado restaurante.

E é sobre esse processo que pretendo falar de agora em diante.

Abobrinhas e pepinos básicos

Uma das muitas coisas que aprendi trabalhando no Ritz foi não dar cortesias aos clientes. O proprietário, Sergio Kalil, dizia: "Experimente entrar numa farmácia e pedir uma aspirina, uma só. O atendente vai cobrar essa aspirina. Você pode até argumentar: poxa, mas é só uma aspirina, você vai mesmo cobrar?". Nunca esqueci essa lição.

Uma das coisas mais desagradáveis que ocorrem em todo tipo de restaurante é o cliente pedir alguma cortesia para o garçom.

Vamos partir do princípio de que cortesia não é algo que se pede, mas sim algo que se merece. Uma cortesia serve para mimar um cliente, para pedir desculpas por um erro, para surpreender, para acalmar e até para se livrar de uma mesa.

Que fique claro: no Ritz, esse tipo de cortesia era utilizado o tempo todo. Porém, a cortesia a que me referi anteriormente era do tipo proibido.

Imagino que certos clientes gostam de bolar planos para conseguir algum tipo de vantagem nos restaurantes. Nesses planos mirabolantes, preocupações éticas passam longe, pois vale tudo. Já vi cliente espernear como uma criança de quatro anos porque lhe foi negada uma dose extra de uísque, simplesmente porque ele achava que havia consumido bastante e que merecia a tal dose.

Nesses casos, procedemos como em relação a uma criança: nossa vontade é dar uns belos cascudos, mas damos a ela o que quer para parar de chorar. Que garçom nunca passou pela armadilha de levar a conta para uma mesa e, em seguida, o cliente pede mais um café e, pior, ainda oferece um para a mesa toda? O garçom fica sem jeito de reabrir a conta e acaba tendo que trazer os cafés como cortesia. Isso acontecia muito comigo. Acontecia, pois com o tempo fiquei mais esperto. Passei a apresentar a conta só depois de perguntar ao cliente e a mais alguém da mesa se gostariam de mais um café ou uma água. Funciona na maior parte das vezes.

Estava ficando realmente bom nas técnicas de vendedor, pesquisava muito sobre o cardápio e tentava sempre passar alguma curiosidade para o cliente na hora de apresentar um prato. Afinal, uma folha de alface seria somente uma folha de alface se eu não contasse a forma como "nossa alface" era produzida. Contava sobre o cuidado com que a terra era preparada e a forma delicada da colheita, a higienização, o processo de embalagem a vácuo, o manuseio e preparo da salada. Devia ser muito chato ter que ouvir minhas explicações a respeito de um pé de alface, mas para mim era algo animador.

Gostava de me comparar a um vendedor de carros. Para vender um modelo de automóvel, ele precisa conhecer cada detalhe para, na hora da dúvida do cliente, saber exatamente o que dizer e não perder a venda.

Cada dia que passava eu me esforçava mais em vender e menos em anotar pedidos, que é algo completamente diferente. Vender significa fazer com que o cliente escolha o que você quer e não o que ele quer. Eu agora era um garçom descolado, que conversava com os clientes e fazia exatamente o que esperavam que eu fizesse. Era necessário, portanto, ter um pouco de cara de pau.

Mas comecei a reparar num canto até então obscuro para mim: o bar. Eu tinha medo de me encostar ao balcão e alguém me puxar pra dentro para ter que ajudar na hora da pauleira, quando o movimento está no seu limite máximo. Olhava aquelas prateleiras repletas de bebidas, das quais nunca havia ouvido falar, e pensava num laboratório de alguma indústria química. Fora o fato de o barman estar encurralado num canto, cercado de clientes por todos os lados. Era assustador. Mas um belo dia resolvi me arriscar e, numa conversa com o barman, ele me sugeriu a leitura do livro *Bebidas de mestre*, de Derivan de Souza. Foi o primeiro de vários livros técnicos que comprei. Resolvi decorar todos os drinques e me candidatar a uma vaga no bar.

Claro que as coisas não funcionam assim. Eu não consegui decorar nada do livro e minha chance de trabalhar no bar ainda demoraria um bom tempo para surgir.

Drinques

A arte de beber em serviço

Finalmente o barman resolveu abandonar o barco. Ou melhor, havia chegado a sua hora de partir. Tinha quase trinta anos, idade considerada limite para trabalhar em um lugar que se orgulhava da brigada jovem e bonita. Melhor assim, ainda me restavam alguns anos e eu queria muito aquela vaga.

Mas ainda não foi dessa vez. Infelizmente, o gerente, que não ia muito com a minha cara, resolveu colocar outro garçom, amigo dele, no bar. Esse episódio me ensinou outra lição muito importante: puxar o saco do seu superior é fundamental!

Não basta ser o melhor, você precisa entender como funciona a política da coisa para se dar bem. Inveja, insegurança, incapacidade e mediocridade são constantes obstáculos que precisam ser avaliados. É claro que, se você tiver um belo par de olhos azuis e eles de alguma forma influenciarem na tomada de decisões, tudo fica mais fácil. Minha chance aconteceu quando o novo barman faltou num sábado à noite, dia de maior movimento. Não tive dúvidas, na verdade tinha várias, mas não vêm ao caso. Era a única chance e agarrei-a com todas as forças. Finalmente eu era o barman da casa.

Minha visão de bar mudou radicalmente a partir daquele dia. Um mundo totalmente novo estava diante de mim, ou melhor, atrás de mim, nas prateleiras de bebidas. Eu precisava desesperadamente saber o que continha cada uma daquelas garrafas e a melhor forma que encontrei foi beber uma dose de cada uma. Não no mesmo dia, que fique claro.

Minhas experiências etílicas, até então, tinham sido baseadas em cerveja, caipirinha e vinho barato de garrafão. Eu reaprendi a beber; cada semana era um destilado novo. Buscava informações nos livros e na troca de experiências com os clientes do balcão. Naquela época, o Brasil ainda não tinha a variedade de vinhos que tem atualmente e as pessoas ainda estavam aprendendo sobre eles. Eu, inclusive.

Estava adorando esse universo de garrafas coloridas e gente querendo a minha atenção no balcão. Eu me sentia um *pop star*. Era ridículo, eu sei, mas eu era jovem e ingênuo.

Depois de alguns meses, quando já me considerava um *expert* nos drinques, meu chefe me fez uma proposta:

– Pensei em você para gerenciar a casa.

Aquilo caiu como uma bigorna na minha cabeça. A ideia de gerente que eu tinha era diretamente associada a problemas de todo tipo. Problemas com clientes, problemas com funcionários, problemas com escalas de trabalho, problemas com manutenção, com comida, com bebidas, problemas, problemas e mais problemas. Diante disso tudo, eu tomei a única decisão que podia tomar: aceitar a proposta. Sempre gostei de desafios. Eu me achava preparado? Óbvio que não, mas ninguém precisava saber. Foi assim que me tornei gerente pela primeira vez.

Hora de enganar o estômago

No primeiro dia, minha ideia de gerência foi por água abaixo. Problemas eram até comuns, e essa era uma chance de mostrar todo o meu potencial para resolvê-los. Com o tempo, eu passei a gostar dos problemas por esse motivo. No entanto, na minha estreia eu percebi que um gerente no Ritz era na verdade um *host*, a pessoa que recebe os clientes na casa. Normalmente, quem faz esse serviço é uma mulher, a *hostess*. Tudo bem, eu também descobri, muito tempo depois, que havia uma palavra diferente para homens e mulheres nessa posição. O *host* no Ritz, ou melhor, o gerente, era responsável pela interminável lista de espera da casa, em que o único problema era lidar com a impaciência dos clientes. Devo dizer que foi uma das posições que mais me permitiram aprender sobre os diferentes tipos de clientes e sobre como tratá-los.

As situações eram inúmeras: clientes que se achavam importantes demais para esperar; clientes que se diziam amigos do dono e ficavam ofendidos quando ultrapassava o tempo de espera; clientes que me ameaçavam com a famigerada "você sabe com quem está falando?"; clientes que tentavam me subornar para passar na frente; clientes que me contavam histórias rocambolescas e dramáticas para justificar sua pressa em sentar, mas nada disso funcionava comigo.

Eu era o rei da porta e as coisas aconteciam da forma que eu determinava – caberia aqui aquela gargalhada maléfica. Mas como o Ritz não era exatamente um Studio 54 – casa noturna famosa por selecionar o público que poderia entrar ou não –, eu tive que me adaptar a tudo aquilo que me foi dito para não fazer. Precisava dar um jeito de o amigo do dono sentar sem esperar muito, passar na frente aquele ator famoso, não discutir com o cara do "você sabe com quem está falando?", sentar logo aqueles clientes dos quais eu gostava, fechar os olhos enquanto o cliente deixava uma nota no meu bolso para ter alguma vantagem, enfim, me sentia um impostor. Não enganava, eu era enganado, e as pessoas percebiam.

Eu estava começando a ficar desanimado com o trabalho. Era hora de mudar o foco. Precisava sair do Ritz. Essa ideia me perturbou por um bom tempo. Por que eu achava que deveria sair se ainda estava longe da idade-limite? Será que já havia aprendido o suficiente nesse ramo para me considerar apto a enfrentar outros desafios? Eu não sabia a resposta, mas sentia necessidade de expandir meus conhecimentos e experiências mundo afora. Resolvi que iria morar na Itália e aprender com os italianos alguns segredos do ramo.

E foi assim, um dia cheguei ao restaurante e simplesmente pedi que me desligassem. "Desligar" é um jargão para mandarem você embora com todos os seus direitos. Mas não foi isso que aconteceu. Prometeram-me um acordo: me desligariam da empresa, mas eu deveria devolver o valor da multa contratual, equivalente a 40% do que receberia. Eu acabei aceitando, mas quando soube do valor ridículo que iria receber, fui reclamar sobre o tal acordo. Responderam que oficialmente não existe acordo desse tipo. Eu saí puto da vida. Precisava daquele dinheiro para comprar as passagens para a Europa e foi o que eu fiz.

Já que oficialmente não existia acordo daquele tipo, não devolvi a multa e fui para a Itália jurando nunca mais trabalhar em restaurantes no Brasil.

Antepasto

Falando com as mãos enquanto afanavam minhas azeitonas

Mangia che te fa bene! Foi a primeira piada que ouvi da boca de brasileiros quando cheguei a Milão, na Itália. Estava com sono e faminto. Enquanto comia uma massa com molho de tomate e folhas de manjericão, pude perceber que comida era um negócio sério por lá, e que a frase fazia todo o sentido do mundo. Os italianos, além de falarem muito com as mãos, utilizavam-nas também para levar a comida à boca. Diziam que era uma maneira de demonstrar respeito pelo alimento e que o ato de colocar comida na boca de outra pessoa significava que se importavam muito com ela. Era uma forma de alimentar a amizade. Achei isso muito bonito. Um pouco nojento, é verdade, mas bonito.

Com o tempo, outra frase, que sempre escutei durante minha vida inteira, também fazia sentido: *Italiani, tutti buona gente, ma tutti ladri*! Os italianos eram mestres na arte de roubar, enganar, afanar, levar e contar vantagem. Algo muito útil quando se trabalha em um restaurante na Itália. Mas não pense que isso é algo ruim para eles. É cultural, aprendem desde pequenos e vão aperfeiçoando com o passar dos anos. Certa vez fui ao supermercado com alguns amigos italianos, e entre eles havia um casal com o filho de quatro anos. Na saída, o garotinho estava com um chocolate na mão e, para meu espanto, o pai disse todo orgulhoso:

– Que gracinha, com apenas quatro anos já conseguiu roubar algo.

Também nunca vi tanto drama na hora de pagar uma conta e nem tantas justificativas para poder receber algo grátis do estabelecimento.

Quando, mesmo assim, o proprietário era irredutível, o cliente afanava algo do restaurante, só para sacanear. Vi muito desse peculiar hábito italiano.

Eu trabalhei por pouco tempo em um bar chamado *Union Club*, na verdade uma birreria, ou lugar para tomar cerveja. É um pouco diferente das nossas, já que não é tão comum servirem cervejas engarrafadas, são mais comuns as de torneira.

Queria tentar trabalhar atrás do balcão do bar novamente. Para isso, antes de sair do Brasil, havia comprado outro livro de bar: *Cocktails de Nova Iorque*, de Sally Ann Berk. O livro é uma coletânea de drinques modernos e atuais e eu o carregava para todos os lados. Achei que ele poderia ser muito útil se conseguisse um emprego em algum bar.

Depois de algum tempo trabalhando na elaboração dos poucos coquetéis que saíam, o gerente achou melhor me tirar da função. Eu não sabia italiano o suficiente para ouvir as lamúrias dos clientes do balcão. Resolvi atacar como DJ, pelo menos ficava isolado em uma cabine e podia tocar todos aqueles CDs horrorosos de música brasileira que havia levado para o caso de sentir saudade. O problema é que eu não fazia a mínima ideia de como era ser DJ. Felizmente isso também durou pouco. Fui demitido.

Como o meu italiano havia melhorado consideravelmente, achei que era hora de tentar trabalhar em um navio de cruzeiro. Um pessoal do bar havia dito que pagavam bem e que eu poderia conhecer o mundo dessa forma. Isso me pareceu bem tentador. Mas não me contrataram como barman, ainda bem. Fui ser animador. Conheci parte do mundo, sim, ganhei dinheiro, sim, mas gastei tudo em festas, comida e bebida. O mais importante desse trabalho, na verdade, foi conhecer e entender como funciona uma estrutura hoteleira, já que o navio é um hotel cercado de água por todos os lados e cheio de hóspedes que pensam ter razão sobre todas as coisas.

CHAME O GERENTE!

Aprendi que, para sobreviver com certas mordomias, a politicagem aprendida no Ritz me ajudava muito. Eu fazia amizade com os cozinheiros para conseguir jantares melhores do que os servidos no refeitório. Conseguia bebidas por meio de um serviço de quarto no meio da noite porque era amigo do gerente responsável, era amigo dos padeiros e conseguia um pão especial sempre quentinho. Fazia amizade com os seguranças para não ser importunado e barrado toda vez que tentava entrar e sair do navio.

Sobrevivi assim por quatro anos, até o dia em que resolvi voltar para o Brazil. É, Brasil com z. Porque depois de tanto tempo havia até esquecido como se escrevia o português.

Primeiro prato

Agora, sim, a coisa começa pra valer

Voltei para o Brasil em abril de 2004, completamente perdido. Tudo novo. Presidente novo, vida nova, várias oportunidades, experiência internacional e um punhado de idiomas na bagagem. O que fazer com tudo isso? Ora, se você está perdido e sem saber o que fazer, vá trabalhar em um restaurante. Foi o que eu fiz. Entrei em contato com alguns antigos colegas do Ritz e descobri que muitos estavam trabalhando num lugar chamado Julia Cocina. Rapidamente pesquisei sobre a casa e sobre quem trabalhava lá.

Cheguei no fim da tarde como quem não quer nada, dei um caloroso abraço em quem conhecia e troquei algumas palavras com quem deveria deixar uma boa impressão. A boa e velha politicagem. Assim como quem não quer nada, deixei meu agora internacional currículo com um dos sócios da casa, que fez questão de me dizer que não havia vaga. "Que cara desagradável", pensei. Algumas horas mais tarde, naquele mesmo dia, ele voltaria a me chamar para uma entrevista com sua sócia, a argentina Paola Carosella. Eu queria muito trabalhar naquele restaurante, simplesmente para ficar com meus antigos colegas, mas resolvi fazer um pouco de cena e agendei uma entrevista para quase uma semana depois, alegando uma viagem.

Queria ter tempo de fazer o dever de casa: pesquisar tudo que podia sobre os nomes dos sócios e sobre o tipo de restaurante em que iria trabalhar. Era ousado e me arriscava até a perder a vaga, mas estava muito confiante.

Minha entrevista com Paola foi um bate-papo muito animado de quase duas horas. Falei das minhas experiências gastronômicas, das viagens, das culturas, das coisas que esperava reencontrar no Brasil, da minha passagem pelo Ritz, falei nomes de chefs de cozinha de que ela gostava – havia pesquisado suas influências –, disse que admirava a Julia Child pelo pioneirismo de seu programa de culinária na TV americana, e que a escolha do nome Julia para o restaurante era um sinal de pioneirismo para a culinária paulistana. Falei com ela em espanhol, aproveitando que estava afiado na língua devido a uma passagem pela capital portenha, enfim, desfilei maravilhas sobre minha pessoa para poder impressionar. Deu certo.

Minha vida profissional em restaurantes só começou a partir desse momento e nunca mais seria a mesma.

Um prato vazio

Completamente cheio de nada

Uma lição importante que se aprende na vida é que nunca estamos preparados o suficiente para lidar com coisas que temos a certeza absoluta de dominar. No primeiro dia de Julia Cocina eu quebrei a cara. E quebrei feio. Estava diante de um restaurante de verdade e não fazia a mínima ideia de como agir. Entrei em pânico, fiquei calado, me revoltei, fiquei com vergonha, me senti um lixo, mas não desisti. Observei atentamente todo o processo que se desenrolava no salão e a cada segundo me dava conta de que havia muita coisa para aprender. Do alto de toda a minha arrogância, eu não queria admitir que não sabia de nada, nem podia. Afinal, eu havia sido contratado como gerente da casa.

Felizmente, o processo de integração no restaurante ocorreu com muito cuidado e de forma gradativa. Como gerente eu deveria entender de várias coisas além do serviço de salão, e para isso eu passei um período em cada área. Parecia simples, mas havia um detalhe que poderia complicar as coisas: a casa estava sem um gerente de sala para coordenar o serviço, por isso a proprietária achou melhor não dizer aos funcionários qual seria a minha função, para não haver boicote.

Assim, comecei pelo escritório. Precisava entender um pouco dos bastidores de compras, recursos humanos, administração e logística do funcionamento. Algo completamente novo e desconhecido para mim. Depois de um tempo, o pessoal do escritório percebeu que não teria um novo ajudante. Passei, então, a integrar a equipe de cozinha. Foi um verdadeiro inferno.

Eu até gostava de cozinhar, nas poucas vezes que isso me foi permitido, mas odiava mortalmente ter que descascar e picar quilos de cebola e salsinha sob o olhar reprovador dos cozinheiros. Para mim e para a chef era muito claro e fundamental saber como a cozinha funcionava e como todos os pratos eram preparados, mas para os demais cozinheiros não era. Eles estavam irritados por ter que explicar coisas tão óbvias para um candidato tão burro, que estava dentro do espaço sagrado deles. Praticamente todos haviam passado por escolas e cursos renomados e até internacionais, por isso não conseguiam entender como um cara que não sabia absolutamente nada sobre gastronomia estava no meio deles.

Foi um processo muito duro. Pensei em desistir várias vezes, pois era humilhado, ridicularizado e menosprezado toda vez que me apresentava na cozinha para trabalhar. Automaticamente me mandavam para a área de produção picar alguma coisa, e assim me mantinham longe. Divertiam-se falando mal e fazendo piadinhas sobre minhas inabilidades culinárias. Eu, por outro lado, me divertia vendo a cara deles toda vez que a chef me explicava detalhes sobre as técnicas de cozimento de cada prato. Nas horas de pauleira eu cozinhava com eles, limpava a cozinha com eles, mas mesmo assim não me consideravam um deles. Uma tortura que felizmente passou.

Hoje posso dizer que aquele mês na cozinha me mostrou mais sobre como funciona um restaurante do que jamais poderia aprender simplesmente trabalhando no salão. Pude perceber a verdadeira batalha de egos que ocorre em uma cozinha profissional. Muitas vezes, o simples fato de um cozinheiro achar que uma folha de rúcula fica melhor do lado esquerdo em vez do direito do prato é capaz de destruir uma amizade.

Chame o Gerente!

Há uma passagem muito divertida no livro *Cozinha confidencial*, de Anthony Bourdain, sobre esse assunto. Ele diz que o mais importante numa cozinha profissional é a rapidez e a consistência. Os verdadeiros chefs têm horror de cozinhar com cozinheiros recém-formados e correr o risco de algum deles se intrometer na execução das receitas com algum toque pessoal. Os cozinheiros que operam as grandes cozinhas não são amantes da alta gastronomia ou estudantes graduados nas melhores escolas. Muitos deles são como bestas ensandecidas, desajustados e mercenários, motivados unicamente pelo dinheiro. Num restaurante de verdade, na hora do movimento, não há tempo para criação e preparação estudada em cada saída de prato. Tudo isso já foi feito muito antes pelo chef e na hora da pauleira a única coisa que ele espera do cozinheiro é que o prato saia o mais rápido e da forma mais consistente possível.

No começo isso era um contrassenso para mim. Eu realmente achava que o melhor cozinheiro era o que tinha a melhor graduação, mas depois vi que o melhor é o que tem mais experiência prática dentro da cozinha, mesmo que nunca tenha pisado em uma escola profissionalizante. Outra coisa que me chamou a atenção era o fato de haver poucas mulheres na cozinha. Geralmente, elas cuidavam de praças mais delicadas, como o *garde manger*, onde se preparam as saladas e entradas do menu, ou na *pâtisserie*, área responsável pelas sobremesas. Mesmo isso não era regra.

No salão, a distribuição entre homens e mulheres era mais equilibrada, garçons e garçonetes se espalhavam harmoniosamente pelo serviço. Quando, finalmente, pude trabalhar no salão, senti que todos eram mais cordiais e solícitos quando eu fazia minhas perguntas. Observava todo o serviço, tomando o cuidado de não perguntar nada muito óbvio e não deixar evidente o fato de que eu não fazia a mínima ideia do que estava acontecendo. Novamente me senti meio incapacitado para seguir adiante.

Com o passar dos dias, essa sensação desapareceu. Afinal, lidar com clientes e tentar suprir suas expectativas não era algo tão difícil, certo?

Foi esse meu adestramento de salão – sim, adestramento é uma expressão muito comum, pois eu me sentia como um cachorrinho correndo atrás do seu adestrador e a qualquer momento poderia receber um biscoito por ter aprendido algo novo.

Tudo no Julia Cocina era mais formal e elegante em relação ao que havia aprendido no Ritz. O uniforme era composto por sapatos pretos, calça social preta, camisa impecavelmente branca, gravata preta e avental de algodão branco, tanto para garçons como para garçonetes, com a diferença de que elas usavam camisas femininas.

As mesas eram cobertas com toalhas e cobre-manchas brancos – o cobre-manchas é exatamente isso: um tipo de toalha menor, utilizada sobre a toalha maior, para protegê-la contra as manchas de vinho ou molhos. No Ritz utilizávamos jogos americanos de papel descartável diretamente sobre as mesas, o que facilitava o serviço, mas deixava a coisa informal demais. Nas mesas também havia um *set up* mais completo. O *set up* era composto de prato base, guardanapo de algodão, prato de couvert, faca de manteiga, garfo base, faca base, garfo para entrada, faca para entrada, taça para água e taça para vinho.

Estava claro para mim que necessitaria de um estudo mais apropriado sobre etiqueta, e assim, como fazia sempre que precisava de ajuda, comprei o livro sobre o assunto: *O livro completo de etiqueta*, de Amy Vanderbilt. É um tijolão chato, mas serviu para tirar algumas dúvidas a respeito da sequência e utilização correta dos talheres, algo que passou a ser fundamental, mais para mim do que para os clientes.

Se eu não sabia muita coisa, os clientes sabiam menos ainda. Com o tempo, percebemos que isso é a tônica. Na verdade, até preferíamos quando o cliente não sabia muita coisa, assim ficava mais fácil deslumbrá-lo com o nosso conhecimento sobre pratos e com o serviço. Todos gostam de atender clientes assim. Ao contrário, tínhamos medo de clientes entendidos e espertalhões em assuntos relacionados a restaurantes, desses que sabem mais do que nós. Geralmente era o maître que atendia esses clientes – não porque sabia mais, mas porque tinha mais paciência.

Diria que, para ser bem atendido, e não só em restaurantes, o cliente deve ter boas maneiras. Parece óbvio, mas, acredite, não é. Os garçons são constantemente lembrados e instruídos a terem boas maneiras e um comportamento adequado no restaurante, mas, e quanto aos clientes? Será que eles sabem se portar de acordo com o que se espera deles? Muitos, provavelmente, não; e, nesses casos, o que conta realmente é a educação e a simpatia. Quer ver uma briga de garçons disputando cliente? Basta informar que o cliente carismático e gentil está na lista de reservas do dia. Quanto ao cliente ranzinza e mal-humorado, bom, problema do infeliz do garçom que tiver o azar de ter sua praça escolhida por ele.

Pesquisando sobre boas maneiras, a melhor definição que encontrei foi a do escritor P. J. O'Rourke, no livro *Etiqueta moderna – finas maneiras para gente grossa*: "Boas maneiras consistem em fazer precisamente o que todo mundo acha que deve ser feito, principalmente quando ninguém sabe direito o que é isso".

Depois de algumas semanas, finalmente fui apresentado como o novo gerente. Embora estivesse claro para o pessoal do salão, a notícia chegou à cozinha como algo sem grande importância. Senti uma forte resistência por parte deles, o que poderia me atrapalhar futuramente. Toda vez que precisava explicar uma recomendação de algum cliente, eles simplesmente olhavam para a minha cara e davam as costas sem dizer uma única palavra. Era um processo que me fez desenvolver uma característica peculiar, mas vital. Comecei a não demonstrar reação nenhuma diante de certos comportamentos que julgava infantis e sem propósito. Com o tempo, passei a esboçar um leve sorriso com o canto da boca toda vez que gritavam na minha orelha, o que os irritava mais ainda, por acharem que estava sendo irônico. A ironia se tornou minha defesa para diversas situações dentro do restaurante. O problema é que comecei a utilizar essa técnica com os clientes quando, aos berros, me diziam que a comida estava fria ou que éramos muito caros. Comecei a receber reclamações sobre minha postura e fui obrigado a mudar. Foi durante uma longa conversa com a proprietária que descobri a importância de ouvir o cliente com atenção e paciência. Ela havia aprendido isso no pouco tempo que passara trabalhando em um restaurante paulistano.

Dizia que "na Argentina, o serviço de atendimento era muito esnobe e metido. Muitos garçons tratavam mal os clientes ou não faziam questão de ser gentis com eles".

Quando chegou a São Paulo, viu que aqui os garçons faziam qualquer coisa para agradar o cliente. Se fosse preciso, iriam até a padaria da esquina comprar um maço de cigarros. Era com essa postura que ela esperava trabalhar na sala de seu restaurante. Essa opção logo foi por água abaixo. Paola, assim como todo chef, odiava fazer alteração em algum de seus pratos, ou então refazer algo de que o cliente não gostava. Nessas horas chegava a ser cômico. Pratos voavam pelos ares na pequena e envidraçada cozinha, que ficava totalmente visível para a sala, e proporcionavam um show para os clientes que estavam sentados próximo à boqueta de saída dos pratos.

Certa vez mencionei que um dos potinhos de molho chimichurri que acompanhavam o *steak* da casa estava com pouco molho e a chef imediatamente pegou o potinho e o arremessou contra a parede. Diante do choque da mesa vizinha, ela o trocou por outro e me perguntou se estava melhor. "Agora sim", respondi com a maior naturalidade possível, mesmo com minhas orelhas ardendo como dois pedaços de carvão de tanto ódio.

Se na cozinha as coisas continuavam complicadas, no salão estavam melhorando. Para mim era um desafio fazer com que o cliente saísse o mais satisfeito possível. Observava o trabalho de alguns garçons que conseguiam contornar qualquer situação e passei a adotar tal estratégia. Comecei a deixar meu lado cínico apenas para o pessoal da cozinha e com os clientes adotei a técnica da sinceridade.

Você pode errar em alguma parte do processo de atendimento, até porque nem tudo depende exclusivamente de você, e o cliente provavelmente vai ficar irritado. Mas ele, com certeza, ficaria muito mais irritado se você tentasse esconder esse erro tentando enganá-lo com alguma história triste. O melhor é simplesmente dizer a verdade: "Desculpe, senhor, infelizmente sua carne passou do ponto e vamos ter que refazê-la. Sei que estão esperando há muito tempo, por isso lhes trouxe essa entrada como cortesia para amenizar o tempo de espera e me encarregarei pessoalmente de acompanhar a saída dos pratos dos senhores no menor tempo possível". Simples, não?

Eu comecei a gostar dessa postura e passei a ser sincero demais – isso foi um problema, é óbvio, principalmente para a cozinha, que não sabia onde enfiar a cara depois de eu ter explicado ao cliente que sua carne teria que ser refeita porque o responsável a deixou cair no chão. Sabe a regra dos cinco segundos? Ela diz o seguinte: algo que cai no chão não se contamina se for recolhido antes desse tempo. Esqueça, não se salva nada, infelizmente a carne vai para o lixo, o pedido atrasa e você é obrigado a dar uma explicação.

Erros com pratos aconteciam constantemente, ou porque o garçom anotava o ponto errado da carne, ou porque o cozinheiro não acertava o ponto de cozimento, outras vezes o problema estava na consistência. E nem sempre o cliente estava preparado para saber exatamente o que havia acontecido com o seu pedido. Nesses casos, eu simplesmente lhe dizia:

– Só um instante, vou verificar o motivo da demora.
Depois de um tempo, eu voltava com a resposta:
– Já está saindo, senhor.
Era bem mais prático. Passei a usar a sinceridade somente nos casos mais graves. Isso passou a definir meu estilo de atendimento.

Comecei a virar um personagem que muda completamente de comportamento assim que veste sua fantasia, no caso, o terno da gerência. Durante o serviço, agia de forma mais teatral, às vezes friamente, outras, exageradamente simpático. Construí a figura do gerente dessa forma. Com o tempo, passei a adotar uma barba bem cheia, sentia que passava mais credibilidade. Era fácil controlar o serviço no Julia, toda a equipe já estava bastante envolvida na filosofia da casa e sabia exatamente o que fazer. Para mim restava o mais difícil: realizar a ponte entre a cozinha e a sala. Inúmeras vezes precisei relatar o descontentamento de alguma mesa sobre determinado prato para o pessoal da cozinha, que simplesmente se limitava a responder:

– Da próxima vez, façam o trabalho de vocês direito.

No início, coisas do tipo me deixavam completamente transtornado e com vontade de socar a cara do infeliz cozinheiro. Mas, como eu havia me transformado em uma espécie de robô sem alma e sem coração, essas respostas entravam por um ouvido e saíam pelo outro. Não esperava nada diferente de uma equipe de cozinheiros, da qual a maioria possuía um ego inversamente proporcional ao talento para cozinhar. Achei que isso doía, era algo difícil de suportarem, então pensei: por que não me aproveitar da situação?

Uma das vontades da chef Paola era ter uma equipe totalmente integrada e harmoniosa, que pudesse trabalhar em um sistema colaborativo e sem entraves, com o único propósito de satisfazer aos clientes. Isso é muito bonito, mas completamente fora da realidade. Durante esses anos todos que passei trabalhando em restaurantes, sempre ouvia os chefs dizerem que no seu restaurante não existia competição ou rixas entre a equipe de sala e a de cozinha. Uma linda e clássica mentira. Essa rixa existe, sim, em todo tipo de restaurante que tenha cozinheiros e garçons. Os cozinheiros se imaginam seres superiores dentro da estrutura do restaurante porque, diante das inúmeras texturas e diferentes formas de cocção para cada prato, acreditam possuir um cérebro com as mesmas qualidades de um cientista ou físico nuclear. Esses gênios das panelas imaginam que os seres inferiores, também conhecidos como garçons, são incapazes de entender a complexidade de processos que envolvem a preparação de uma porção de aspargos cozidos no vapor, por exemplo. Ainda segundo eles, esses seres, sem estudo e sem modos, não estão à altura de questionar absolutamente nada do que se refere à cozinha. Por outro lado, esse simpático ser, que atende pela alcunha de garçom, atendente, chefe, psiu ou bonitão, despreza os cozinheiros pelo simples fato de achar que eles não sabem cozinhar a comida do jeito que o cliente quer comer. Um lado sempre vai acusar o outro por algum erro, mesmo que tenha sido cometido pelo próprio cliente.

    Trabalhar no Julia Cocina foi um verdadeiro intensivo em gastronomia. O lugar era especial, passava uma paz muito grande com suas paredes imaculadamente brancas, quebrada pelos poemas do argentino Jorge Luis Borges espalhados por todos os lados. No alto, na parede da saída da boqueta de cozinha, havia uma frase da colunista e cozinheira Nina Horta que me intrigava: "Cozinhar é um jeito de se ligar, de se amarrar a vida com simplicidade...". Depois fui descobrir que a frase era do seu livro de crônicas *Não é sopa*, obra que mais tarde me inspiraria a escrever sobre o tema. Depois de alguns anos pude conhecer Nina Horta e ter o privilégio de ouvir mais algumas de suas histórias saborosas.

    Voltando ao restaurante Julia Cocina, cujo nome homenageia Julia Child, pioneira em programas de culinária na televisão americana, o lugar era realmente muito sofisticado para meus padrões. Nunca havia trabalhado com talheres de prata, taças de cristal da austríaca Riedel, facas de carne da prestigiada marca francesa Laguiole e pratos da não tão famosa porcelana Schmidt, fábrica que conhecia desde criança, pois ficava em Pomerode, em Santa Catarina, terra onde nasci. Outro ambiente muito bonito e *cool* era o *lounge* de espera. Situado no segundo andar do aconchegante sobrado, acomodava um número muito maior de pessoas do que sua capacidade, clientes que ficavam esperando por uma mesa no andar de baixo enquanto comiam e bebiam ao som de uma vitrola com discos clássicos de boa música de todos os estilos. Bastava chegar, escolher a trilha e pôr o disquinho pra rodar.

Infelizmente, depois de um tempo, houve uma desavença entre Paola e seu sócio e ela acabou saindo. Saíram também as pessoas que estavam ali por causa dela. Eu fui uma delas.

Uma taça de vinho

Dioniso ou Baco, senhor?

Se num restaurante alguém tentar convencer você de que Dioniso e Baco são a mesma pessoa, desconfie. Esse alguém está começando a ficar alcoolizado. No fundo, eles são a mesma pessoa, ou melhor, divindade associada à putaria, sacanagem, promiscuidade e, claro, ao vinho. Dioniso para os gregos e Baco para os romanos. Assim como acontece com o vinho, Dioniso e Baco são completamente diferentes na concepção dos italianos e gregos. Baco é mais popular, talvez pela fama dos vinhos italianos em relação aos vinhos gregos e pela luxúria das bacanais homéricas registradas nos anais da história mundial.

Ouvir as pessoas falarem sobre vinho era algo que sempre me intrigava. Para mim, existiam apenas dois tipos de vinho: o tinto, que se bebe em temperatura ambiente, e o branco, que se bebe gelado. Havia ainda o *rosé*, que até aquele momento eu não havia bebido – quando bebi, achei que era a mistura do branco com o tinto. Imaginar que alguém conseguia descobrir sabores e odores tão discrepantes como amoras silvestres da Patagônia e suor de cavalos Andaluz dentro da mesma taça era algo completamente irreal. Os vinhos eram uma incógnita e, por alguma razão, não me despertavam o mínimo interesse, mas a certa altura fui obrigado a conhecê-los. Primeiro com as degustações, que são promovidas pelas próprias importadoras, durante as quais éramos apresentados a rótulos que havia na carta de vinhos do restaurante. Esse exercício era um constante acertar e errar, uma aula de subjetividade na qual tentávamos aprender algo antes de ficar completamente retardados por conta do álcool.

Depois, com o crescente interesse do pessoal do salão, tivemos um curso sobre vinhos do Velho Mundo pago pelo restaurante. Durante um mês aprendemos muita coisa sobre geografia, clima, famílias produtoras, tipos de uva e vinificações. O negócio era bom mesmo. Bom e complexo. Tão complexo que resolvi pesquisar a bibliografia disponível. Encontrei várias opções de livros técnicos, alguns bastante aprofundados e interessantes, mas de difícil assimilação na grande maioria.

Encontrei um livro com título que me pareceu bastante adequado: *O mais completo guia sobre vinho*, de Philip Seldon. O livro era tudo de que eu precisava naquele momento, pois trazia dicas úteis sobre safras, buquê e estrutura. Tudo de uma forma rápida e fácil de compreender. Isso bastou por algum tempo. Mas, depois, vender vinho para clientes que sabiam menos do que eu ficou chato. Eram raros os clientes que sabiam algo sobre o que estavam bebendo, porém, quando sabiam, sabiam muito.

Eu tremia quando um cliente pedia ao garçom que chamasse o sommelier. Não havia sommelier na casa e quem quebrava o galho era o gerente, ou seja, eu. Mas nem de longe eu tinha a segurança necessária para argumentar com um cliente que me pedia uma opinião sobre as características do seu Château D'Yquem 1988.

Eu saí do Julia Cocina nessa condição ridícula de gerente e quase sommelier. Fiz o curso da Associação Brasileira de Sommeliers, mas não nessa época. Eu ainda passaria pelo inferno na Terra, um lugar onde tudo que havia aprendido até o momento seria posto à prova: meu próximo restaurante.

Água

Transparência é tudo

Eu estava muito confiante e determinado com meu novo desafio: seria a primeira vez que iria inaugurar um restaurante.

Minha saída do Julia Cocina foi bem tranquila e, de certa forma, já estava me acostumando com a ideia de ter que trabalhar em outro lugar. Vendo meu descontentamento, Paola me indicou para entrevista com uma amiga dela, que estava procurando gerente para seu novo restaurante. Elas haviam trabalhado muito tempo atrás em um restaurante uruguaio chamado Los Negros, do chef argentino Francis Mallmann. Eu fiquei feliz por ter a chance de trabalhar com alguém que imaginava ser tão competente quanto a Paola, em um restaurante completamente novo. Por motivos que explicarei no decorrer do texto, achei melhor não mencionar o restaurante nem o nome da tal amiga; passarei a me referir a ela apenas como "a Chef".

A entrevista foi marcada no restaurante em que ela estava trabalhando. Não houve empatia da minha parte, embora a Chef tenha se esforçado em ser simpática. Ficou combinada a data em que eu deveria começar a trabalhar. Minha primeira tarefa seria recrutar os funcionários para a sala. No dia marcado cheguei cedo ao restaurante, que estava em obras. Quem abriu a enorme porta de ferro foi um rapaz magro, com ar desconfiado.

– *Buenos dias, hermano! Bienvenido al infierno.*

Parecia promissor. "Coco", disse o uruguaio, estendendo a mão e me olhando fundo nos olhos, ainda bem desconfiado.

Estava ilegal no Brasil, me contou depois. Era ele que cuidava da obra, controlava o recebimento dos materiais, acompanhava a instalação de equipamentos, tocava guitarra entre um fornecedor e outro, dormia num colchão no segundo piso e, nas horas de insônia, desenhava quadrinhos e bebia chimarrão. Coco era o braço direito da Chef, mas eu nunca soube seu verdadeiro nome.

Sem muita coisa para fazer, comecei a analisar a pilha de currículos que ele recebera de pessoas que passavam diante da obra.

Nunca precisei selecionar alguém por meio de um pedaço de papel, então não sabia exatamente como fazer isso. Comecei a ler as referências e separar os currículos que pareciam mais interessantes – depois de algum tempo havia selecionado apenas três deles e reprovado uns vinte. Como não tinha mais recurso para achar alguém, resolvi ligar para os selecionados para marcar uma entrevista. Na data marcada apareceu apenas a metade dos candidatos. Fiquei preocupado, mas resolvi que contrataria a minha equipe naquele dia e decidi selecionar todos eles.

Uma das coisas que me chamaram a atenção foi o fato de as informações que constavam no currículo não corresponderem exatamente ao que o candidato me apresentava. Logo constatei que currículo é uma das coisas mais mentirosas que existem. Os candidatos enfeitam o currículo da forma que bem entendem, com informações tão absurdas que muitas vezes nem sabem ao certo como foram parar ali. Uma simples degustação de vodca pode facilmente virar um curso de barman, um estágio de três horas virar trabalho no restaurante daquele chef famoso, um "My name is Uesley" já é inglês básico. Outra coisa insuportável quando precisamos analisar centenas de currículos são as longas e minuciosas descrições do passo a passo de funções extremamente banais. Quando encontramos um currículo com mais de duas páginas, nossa primeira reação é jogá-lo bem longe.

Algumas dicas de como poderia ser um currículo objetivo são: colocar todas as informações essenciais, como nome, telefone, endereço e data de nascimento logo no começo. Em seguida, em ordem decrescente, os locais onde trabalhou, data de início e de saída e a sua função. Não há necessidade de descrever, por exemplo, sua rotina como garçom, algo que já conhecemos bem e não muda muito de um restaurante para outro. Por fim, os cursos mais relevantes, escolaridade e algumas informações adicionais, como idiomas e programas de informática que conhece. Faça tudo caber numa única folha e divida os tópicos para facilitar a leitura. E, por mais que digam que não é necessário ou até mesmo ilegal, coloque uma foto no seu currículo, como aquela que você colocaria na capa do seu perfil da rede social. Vai dar um destaque maior e pode ajudá-lo a ser selecionado, pelo menos para uma entrevista.

Ter apenas as informações necessárias facilita muito na hora de selecionar uma pessoa por meio do seu currículo e, uma vez escolhido, o candidato será chamado para uma entrevista, durante a qual poderá apresentar todos os detalhes. Na verdade, o currículo só serve se for para entrar em um restaurante que ainda esteja em obras, antes da inauguração. Se você pensa que vai entrar em um restaurante badalado por meio de um pedaço de papel enfeitado e com uma foto bacana, esqueça. Restaurantes famosos recebem pilhas de currículos que são cuidadosamente arquivados numa pastinha colocada na estante do escritório. Se um dos funcionários do restaurante desistir de uma das vagas, e isso é raro, às vezes só mesmo em caso de morte ou aposentadoria, o gerente vai perguntar ao seu melhor garçom se ele tem algum primo ou parente que queira a vaga. Caso ninguém tenha um familiar em idade legal para trabalhar, o gerente comunicará a vaga ao setor de RH, que colocará um aviso no quadro de comunicação interna. Se mesmo assim não aparecer ninguém, a vaga será dada ao primeiro desavisado que aparecer na porta perguntando se estão precisando de alguém. Mas e quanto aos currículos da pastinha no escritório? Bem, eles continuarão lá, muito bem organizados.

Os candidatos que compareceram para a seleção tinham uma personalidade e um visual muito diferentes daqueles com os quais eu estava acostumado no Julia. Havia o barman grandão barbudo e todo tatuado, o garçom de churrascaria com seu cabelo meticulosamente penteado com aqueles pentes redondos que se encaixam na palma da mão, a barista baixinha e CDF que só falava sobre as maravilhas do café, a garçonete com óculos de armação quebrada que tinha acabado de chegar de Paris, a hostess negra com seu penteado afro cuidadosamente aplicado na Galeria do Rock. Enfim, eram essas pessoas que participariam da inauguração do restaurante comigo.

Faltando uma semana para a abertura, comecei a aplicar os treinamentos necessários para a equipe. Começamos pelo básico, que era a montagem das mesas, a forma correta de fazer os serviços de atendimento, técnicas de venda e como agir em caso de problemas – este último, devo admitir, foi muito útil para a brigada.

Durante esses dias também montamos o salão, o que significava distribuir as mesas de forma harmoniosa e, ao mesmo tempo, divididas em praças com o mesmo número de pessoas, para cada garçom atender a mesma quantidade de clientes. Limpamos as sobras da obra, lavamos as paredes de vidro do restaurante, nos familiarizamos com os espaços que teríamos para nos locomover e degustamos parte da comida que seria servida no restaurante durante o horário de jantar dos funcionários. Sentia que a equipe estava pronta para a guerra. Minhas dúvidas em relação a detalhes cruciais, como sistema de caixa, máquinas de cartão de crédito, impressão de cardápio, degustação completa do menu e procedimentos de segurança, coincidentemente, só foram aparecer no dia da inauguração.

Na noite de estreia servimos um jantar para poucos convidados, na maioria amigos e familiares. É o que chamamos de *soft opening*, ou seja, uma abertura sem possibilidade de falhas. Normalmente se fazem apenas duas ou três dessas noites, com convidados selecionados a dedo, para testar a funcionalidade da operação e fazer ajustes na comida, caso algo não tenha agradado o suficiente a ponto de arrancar suspiros. Nosso *soft opening* levou quase duas semanas, já que as coisas pareciam não se ajeitar; mesmo assim, depois de todo esse tempo, quase tudo que saía da cozinha era um desastre.

Como gerente da casa, eu ainda não havia provado todos os pratos e não tinha muita certeza sobre o tipo de cozinha que estávamos servindo, tamanha era a mistura de elementos. Comecei a suspeitar de que a comida fosse um dos problemas mais graves. Nada do que eu havia provado chegava perto da experiência gastronômica pela qual passei no Julia, e dessa forma não me sentia à vontade para vender os pratos com o entusiasmo necessário. Outra coisa que me incomodava e ia contra os meus novos princípios, aprendidos e lapidados pela Paola, era a maneira como os pratos eram descritos. Se a descrição dizia que levava milho verde fresco de pequenos produtores, eu não aceitava muito bem a ideia de que esse mesmo milho vinha numa lata comprada no mercadinho da esquina. Assim como também era contra meus princípios vender uma torta de sobremesa que havia sido feita pelo menos uma semana atrás e que, mesmo dura e seca como uma pedra, era aquecida no micro-ondas e levada ao cliente.

Felizmente, não foi algo que atingiu só a mim. Em algumas semanas, praticamente todos os cozinheiros abandonaram o restaurante, alegando incompatibilidade de gênios. Restou apenas o jovem e desconfiado Coco. O lugar estava indo de mal a pior e eu não conseguia mais segurar minha equipe, que, pouco a pouco, foi saindo por causa dos constantes atrasos nos pagamentos.

Depois de um tempo chamei alguns conhecidos que toparam trabalhar como extras, mesmo assim, só com recebimento adiantado. Nesse período, os dois sócios resolveram vender metade do restaurante, o que poderia ser a salvação, não fossem os dois novos sócios completamente incompetentes e extremamente arrogantes.

Assim que chegaram, fizeram uma série de mudanças administrativas, o que revoltou os outros dois sócios. O investimento do dinheiro prometido para saldar as dívidas nunca chegou e as brigas entre eles eram constantes. Num belo dia, uma tempestade de verão pôs o teto do restaurante abaixo, alagando e destruindo tudo. No dia seguinte fomos convocados a limpar e tentar reerguer o que havia sobrado. Durante essa tarefa, os ânimos do pessoal da cozinha e do salão começaram a esquentar e foi convocada uma reunião com a Chef para resolver os pagamentos atrasados. Ou todos receberiam ou todos abandonariam o posto. Para meu espanto, durante a reunião, eu, porta-voz dos funcionários, fui humilhado diante de toda a brigada. Não havia mais nada que eu pudesse fazer, na verdade, eu é que não queria mais fazer absolutamente nada, apenas me limitei a dizer tudo que estava engasgado. Depois, elegantemente, me levantei, me demiti e saí andando. Há momentos em que sair andando é a melhor opção.

O restaurante ainda durou alguns meses e depois faliu, devendo para funcionários e fornecedores. Nunca mais ouvi falar do Coco, que agora devia ter motivos para ficar desconfiado. Soube que a Chef se separou do sócio e voltou para o Uruguai, os outros dois sócios também se separaram e um deles foi morar no México. Era o fim, graças a Deus.

Segundo prato

Alimentando as expectativas

Depois de algumas semanas distribuindo currículos, veja só, resolvi bater à porta de uma casa de que sempre ouvia falar, o Café de La Musique. Só havia vaga de garçom e acabei aceitando. Um dos maîtres havia trabalhado comigo no Ritz e teve a paciência de me apresentar as normas da casa.

O Café de La Musique era um *dining club*, nome pomposo para restaurante-balada, ou seja, servia jantar e depois da meia-noite virava balada até o sol nascer. A ideia parecia legal, o cardápio era enorme, a casa oferecia comida italiana contemporânea e japonesa. Tudo muito sofisticado e bonito, até a balada começar.

Assim que a cozinha encerrava, os garçons começavam a recolher as pesadas mesas para dar lugar à pista de dança, que era rapidamente ocupada por um bando de pessoas que surgia pela porta de entrada. Quando menos se esperava, o som já maltratava os tímpanos, mulheres apostavam para ver quem conseguia esmagar mais dedões de garçons com o salto de seus sapatos, garotos pimpões se pavoneavam com suas camisas polo e seus penteados lambidos com gel, tiozões arrastavam as modeletes que se estapeavam para poder beber à custa do coitado, figurões queimavam dinheiro para ter bajuladores aos seus pés, bêbados brincavam de guerrinha de almofadas entre um lado e outro da casa, prostitutas faziam trabalhos orais em áreas desprovidas de luz, e ainda era preciso desviar dos cacos de vidro e poças de vômito espalhados na pista, entre os camarotes e o bar – uma maravilha.

Por diversas vezes pensei em simplesmente fazer o que os maîtres faziam: desaparecer. Eu odiei essa experiência. Olhava para os maîtres e ficava com pena, imaginando as dificuldades pelas quais estariam passando para se sujeitarem a isso. Tanta dedicação e esforço para virar um maître de balada, que na maioria das vezes só ficava encostado na parede esperando o dia clarear para poder ir para casa. Fiquei pouco tempo nesse lugar, só o suficiente para mostrar meu trabalho para um cara chamado Vicci Domini, o homem responsável pela implantação e abertura de alguns dos melhores restaurantes de São Paulo.

Vicci era uma lenda no meio. Um italiano magro, alto, muito elegante e refinado, fazia de tudo. Era ele quem palpitava na obra, selecionava a equipe de funcionários, criava o uniforme, elaborava o cardápio, dava o treinamento e criava os padrões. O italiano era uma espécie de Senhor Miyagi da gastronomia e foi quem me inspirou a ser o profissional que sou hoje. Gentileza com funcionários e clientes, postura adequada em todas as ocasiões, maneira de caminhar e segurar os utensílios, a maneira de se vestir, clareza de ideias, a forma cativante de falar e muita transparência faziam dele o anfitrião perfeito. Fiquei no Café pouco mais de um mês, tempo que levaria para abrir o próximo restaurante capitaneado pelo Vicci e do qual eu seria um dos maîtres.

O BLU Restaurante ficava na Rua Amauri, esquina com a Avenida Nove de Julho, rua muito famosa pela alta qualidade dos restaurantes. O lugar era deslumbrante e sofisticadíssimo, com quadros de Burle Marx, luminárias de Philippe Starck, móveis de designers famosos e uma armadura espanhola original do século XVIII. Para os clientes, passava um ar de restaurante nova-iorquino descolado, mas para mim, que não conhecia Nova York, parecia mais um misto de restaurante e museu. O uniforme do pessoal da sala foi feito sob medida por um alfaiate e as camisas tinham punho duplo para as abotoaduras. Meu terno acinturado em nada lembrava os sacos pretos, assim chamados pelos maîtres por serem parecidos com os ternos baratos dos seguranças de boate, feitos com tecido sintético vagabundo.

Todos receberam treinamento sobre o cardápio e puderam provar os pratos e ouvir a história por trás de cada criação. Vicci também se empenhou em demonstrar algumas regras de etiqueta e técnicas de venda, que praticamente passaram despercebidas pelos pés de boi.

Os garçons do tipo pé de boi – uma alusão aos ruminantes pelo fato de trabalharem duro sem se queixar – são muito comuns no ramo. A maioria dos restaurantes dá preferência a esse tipo particular de trabalhador. Um verdadeiro pé de boi jamais se recusa a fazer algo solicitado pelos seus superiores, mesmo que não faça sentido. Se lhe pedirem que fique parado num canto da sala, ele ficará. Um pé de boi dificilmente se atrasa ou falta ao serviço por algum motivo fútil, muito menos no dia de pagamento das caixinhas. Esse dia geralmente é celebrado em algum bar risca-faca e pode acontecer de o coitado beber até morrer ou arrumar uma briga, o que dá no mesmo.

Garçons desse tipo custam pouco para os donos de restaurantes. Isso se levarmos em conta apenas o valor pago como salário, mas, se pensarmos em termos de qualidade de serviço, o prejuízo pode ser grande. Várias vezes ouvi garçons desse tipo explicando aos clientes que o arroz utilizado na casa era "carbonizado", em vez de parboilizado, e que a sugestão de vinho era um "cabret soinhóin", no lugar de cabernet sauvignon. Isso, com certeza, não agrega nenhum valor ao restaurante.

Nossa função era basicamente orientar os garçons a fazerem o serviço corretamente. Orientar, segundo o rei da gastronomia de Nova York, Danny Meyer, em seu livro *Hospitalidade e negócios*, é corrigir com dignidade, algo que muitos "capas pretas" nem fazem ideia do que seja. Capa preta é outra alcunha muito comum para designar os maîtres, provavelmente por causa dos ridículos ternos pretos que a maioria veste durante o serviço, mas prefiro pensar em vampiros sugadores de energia. Acho mais apropriado, já que a maioria tem cara de sono e olheiras profundas.

Voltando ao Danny Meyer, ele diz: "A orientação serve para ajudar as pessoas a refinar habilidades, mostrando como fazer o trabalho e verdadeiramente desejando que os empregados atinjam seu pico potencial". Acho isso lindo, mas é praticamente impossível fazer um capa preta entender que o pé de boi precisa atingir seu pico potencial sem que isso descambe para uma piadinha infeliz com jogo de palavras.

Nesse livro há uma definição muito boa sobre hospitalidade que deveria nortear o serviço de qualquer restaurante. Ela diz o seguinte: "A hospitalidade está presente quando alguma coisa acontece por você e está ausente quando alguma coisa acontece a você".

Certa vez perguntei ao italiano Enrico Vignoli, responsável pelo serviço do restaurante Osteria Francescana, detentor de três estrelas no Guia Michelin, quais os critérios para a obtenção das estrelas. Ele me respondeu: "Para um restaurante conseguir sua primeira estrela, a comida deve ser boa, o serviço pode até ser ruim. Para a segunda estrela, a comida deve ser muito boa e o serviço também. Já para a terceira, a comida deve ser inesquecível e o serviço invisível". Aquela velha história, se o serviço aparece, ele é bom, mas se ele desaparece é melhor ainda. O suprassumo seria o cliente pensar em tomar um copo de água e ele aparecer, como num passe de mágica, sem ter percebido ou solicitado.

Mas não era esse o nosso caso no BLU. O serviço estava longe de ser desastroso, apenas não era refinado. É muito fácil ensinar um garçom a montar uma mesa bonita, mas ensinar o garçom a se importar em montar uma mesa bonita é impossível. A boa vontade de vencer circunstâncias difíceis é o que faz a diferença na hora de contratar alguém. Infelizmente a contratação dos novos candidatos não era tarefa minha e continuavam a contratar garçons muito ruins, com vasta experiência técnica, mas zero de capacidade afetiva. Eram todos executores, bons no que faziam, desde que não precisassem falar com os clientes.

Mesmo assim eu adorava o BLU, estava ganhando um bom dinheiro, conhecendo bons clientes e ainda conseguia tempo para me dedicar aos vinhos num curso de sommelier pela Associação Brasileira de Sommeliers. Ao mesmo tempo trocava ideias sobre coquetéis com o chefe de bar Jô Pinheiro, conhecido na mídia como o Mago dos Drinks. Sempre gostei muito de aprender, desenhar, mexer em programas de computador, consertar coisas, construir outras, fazer controles e planilhas, tudo aquilo que julgava servir para algo no futuro. Pois bem, certa vez o gerente teve um desentendimento com os sócios e acabou se desligando do restaurante. Não havia ninguém em vista para a substituição e acabei me candidatando para a vaga.

Ser gerente de uma casa como o BLU me colocou no olho do furacão. Eu tive a chance de conhecer pessoas muito influentes e que me possibilitaram crescer ainda mais nesse ramo. Sorte é importante se você souber aproveitar o momento, mas, às vezes, abrir o olho é essencial para descobrir uma oportunidade que pode mudar o rumo de sua vida. Certa noite, com movimento calmo, entrou um senhor estrangeiro e, num inglês com forte acento francês, pediu uma mesa só para ele. Eu o conduzi até a mesa e lhe perguntei se ele preferia que continuasse o atendimento em inglês ou se preferia em francês. "En français, s'il vous plaît!", ele respondeu surpreso. Aqueles anos todos trabalhando em navio finalmente serviram para alguma coisa, pois fiquei bastante tempo à mesa praticando meu francês.

O senhor parecia testar minha paciência e eficiência pedindo coisas que não havia no cardápio e eu dava um jeito de atender aos pedidos. Foi desafiador e divertido ao mesmo tempo.

Um mês depois, o senhor voltou acompanhado de outro estrangeiro, um alemão. Fiz as honras no meu idioma nativo e o francês não hesitou em pedir ao colega que me desse o seu cartão de visitas, em que estava escrito apenas "Rudolf Piper" e um número de telefone. O alemão me disse que seu sócio gostaria que eu trabalhasse na nova filial do Buddha Bar, em São Paulo. Quase tive um ataque de euforia, mas permaneci calmo e agradeci o convite. O francês era Raymond Visan, simplesmente o homem que criou o conceito do famoso Buddha Bar de Paris, e o alemão era o cara que agitava as festas mais espetaculares no Studio 54, famosa boate de Nova York que recebia príncipes e estrelas do mundo todo. O alemão também era responsável pela criação das baladas mais famosas do mundo, como o Palladium, a maior boate já construída até hoje, com capacidade para 10 mil pessoas, e o Danceteria, que daria o nome para o novo conceito e foi o local dos três primeiros shows da jovem Madonna. Era pegar ou pegar, não tive dúvida, e parti mais uma vez em função do crescimento profissional.

Iguarias

Tudo muito lindo, mas...

Os trabalhos no Buddha Bar começaram muito antes da abertura, mas dessa vez participei apenas da seleção dos garçons e garçonetes. Foi o gerente-geral do restaurante, Ciro Aidar, um nome bem familiar, que entrou em contato comigo. Embora não o conhecesse pessoalmente, descobri que havíamos trabalhado na mesma época em restaurantes diferentes do mesmo dono, ele no Spot e eu no Ritz. Gostei de saber que meu novo gerente tinha a mesma origem. A gerente de salão, Keyla, trabalhou com uma proprietária de restaurante que eu conhecia e que me passou ótimas referências dela.

A chef de cozinha seria a Bel Coelho, famosa, que estava na minha lista de pessoas com as quais gostaria de trabalhar. Cabia a mim e a mais alguns colegas fazer a maitria do restaurante.

Um mês antes da inauguração, eu e Keyla estávamos entrevistando as centenas de pessoas que haviam enviado seus currículos para terem a oportunidade de trabalhar no que provavelmente seria um dos melhores restaurantes da América Latina.

Diferente dos tipos de garçons que trabalharam no BLU, o pessoal de salão do Buddha deveria seguir os critérios da matriz francesa. Garçons jovens e que tivessem algum diferencial significativo seriam admitidos, mesmo sem muita experiência. Foi um processo muito divertido e cansativo. Eu observava Keyla fazer as perguntas mais descabidas possíveis, só para saber como a pessoa se sairia. Era eliminado quem travasse ou ficasse sem graça com alguma pergunta. Lamentei ver muitas pessoas bonitas serem dispensadas, que, segundo meus critérios, seriam perfeitas para a sala. Keyla apenas me dizia: "Com o tempo você aprende".

Após uma semana havíamos escolhido os integrantes da equipe de atendimento e precisávamos fazer o treinamento e a integração entre eles. Fui designado para ensinar aos novatos algumas técnicas de serviço e utilização dos instrumentos de mesa. O Buddha Bar é uma filial e, como tal, deveria servir o que a matriz e as demais filiais servem no mundo todo: comida asiática. Havia pratos chineses, vietnamitas, tailandeses e japoneses, sendo que cada um deles exigia um tipo de serviço e manejo adequado de certos instrumentos.

Foram dias muito importantes para a integração e aprendizado da equipe, o que é raro acontecer. Poucos donos de restaurantes se preocupam com um treinamento adequado de suas brigadas. O que geralmente acontece é o garçom começar com a base que ele possui e só com o tempo aprende as normas da casa.

Nem sempre existe disponibilidade ou interesse por parte de algum dos integrantes da equipe em passar um treinamento adequado. Esse tipo de mentalidade, a falta de informação ou mesmo falta de noção é o que prevalece no mercado, que prefere o menor gasto possível com treinamentos.

Nem sempre esse comportamento tem a ver com a falta de verba. No BLU, por exemplo, foi investida uma verdadeira fortuna em decoração, equipamentos, uniformes, matéria-prima e até mesmo treinamento. O problema foram os tipos de profissionais admitidos e a montagem do esquema de salão.

O BLU era um restaurante muito moderno e refinado, mas o esquema de serviço, embora bem treinado, era antiquado e bastante custoso, devido à quantidade de pessoas para realizar os procedimentos. No Buddha também teríamos o esquema clássico composto de gerente, maître, garçom e cumim, mas o perfil deles seria diferente. Os garçons e garçonetes eram muito bem informados e animados, a ponto de responderem positivamente a todos os treinamentos. Havia o jovem estudante de gastronomia, o *expert* em culinária japonesa, a jovem francesa que acrescentava charme à casa, a garçonete gostosa que falava inglês, o estudante de publicidade e hacker que arrumava qualquer problema com os terminais de lançamento das comandas, o esquisito com *tattoos* e *piercings* e mais uma infinidade de tipos que formariam a cara da casa.

Um dia antes da inauguração oficial, os sócios haviam marcado uma grande festa para alguns convidados e tivemos que chegar cedo para preparar tudo. Somente naquele dia pudemos ver a casa pronta, com todos os detalhes incríveis, como duas fileiras de armaduras de samurai e a estátua de quatro metros de altura do Buddha, que veio de navio diretamente da Índia. Ficamos basicamente esterilizando os materiais para o evento, já que naquela noite não teríamos as mesas de jantar. Mesmo assim, a chef Bel Coelho aproveitou para apresentar parte do cardápio, que seria oferecido aos convidados num esquema volante, ou seja, em pé.

Em pé também foi nossa reunião antes de abrirem as portas. Reunimos todos os funcionários para passar algumas orientações a respeito do serviço durante aquela noite e fiquei orgulhoso e assustado ao ver a magnitude do batalhão que estava na minha frente. Foi uma experiência muito proveitosa e acabamos adotando esse sistema de *briefing* todos os dias, alguns minutos antes da abertura do restaurante, para passar as informações necessárias e pertinentes ao serviço.

Seria apenas uma festa para os amigos dos sócios, algo em torno de mil pessoas, que não é muita coisa se considerarmos que a casa tinha por volta de quinze sócios – empresários da noite e investidores.

Logo nos primeiros minutos constatamos que o número de convidados praticamente triplicou, e os motivos, imaginamos, eram a boca livre e a enorme curiosidade gerada em torno da primeira filial brasileira do Buddha Bar.

A essa altura, já estávamos completamente perdidos entre os convidados. A casa era enorme e ficou impossível percorrer a distância entre um ponto e outro com tanta gente. Eu não fazia a mínima ideia do que estava acontecendo na cozinha ou na recepção, também não sabia o que os garçons estavam fazendo, já que não os via. Era impossível saber qual seria o próximo passo. Na metade da festa, recebi uma reclamação dos clientes dizendo que a comida não estava chegando até eles, e descobri, ao perguntar o motivo a um garçom, que a comida havia acabado e que a bebida também estava no fim.

Ao chegar à cozinha, pude ver uma verdadeira operação de descongelamento e preparação de mais comida com os produtos do estoque que seriam utilizados nos próximos dias. Resolvi verificar com o bar como estava o estoque de bebidas e me informaram que o gerente havia saído com uma caminhonete para comprar toda a cerveja gelada que encontrasse pelo caminho. Foi uma operação desgastante e confusa que durou até as oito horas do dia seguinte.

Cansados, observávamos o estrago no piso de madeira, antes lustroso, agora completamente riscado e sem brilho. O som parou, as luzes se apagaram e finalmente fomos dispensados.

Naquele mesmo dia, na parte da tarde, voltamos e encontramos o piso completamente restaurado, embora úmido, o que não nos permitiu montar logo as mesas para o jantar. Provavelmente, devido à loucura da noite anterior, sofremos algumas baixas na nossa equipe de salão, felizmente nenhuma feminina. Constatei que a gostosa e a francesa ainda estavam firmes.

O problema de contratar pessoas mais moderninhas e descoladas é que geralmente não existe um comprometimento muito grande por parte delas, e em algum momento isso acaba dando uma grande dor de cabeça. Mas nesse caso não seria preocupante perder dois ou três membros da equipe, já que no dia seguinte teríamos pelo menos dez garçons à porta se estapeando para trabalhar no Buddha Bar, tamanho sucesso e burburinho que a casa estava provocando.

Enquanto esperávamos o verniz do chão secar, o chef do sushi bar resolveu apresentar algumas opções do cardápio japonês para que pudéssemos nos familiarizar com as iguarias, já que estávamos famintos.

Confesso que não era um entusiasta da gastronomia nipônica, na verdade conhecia muito pouco para ter uma opinião formada. Portanto, uma degustação viria a calhar.

Começamos com algo simples: sashimis e sushis. Assim como eu, quase ninguém sabia o que era um e o que era outro, exceto o nosso garçom *expert* em culinária japonesa. Mas fiquei feliz em saber que tinha habilidade para segurar o hashi sem aquele elástico ridículo que prende os dois pauzinhos e que preparávamos para os descoordenados de plantão. Passamos por uramakis, kappa makis, hossomakis e temakis. Provamos o tarê, um molho escuro e adocicado, o wasabi, aquela pastinha verde e ardida que tem a função de estragar o sabor de tudo, e o delicioso gengibre marinado, que chamam de gari. Tudo muito gostoso e fascinante, até chegarem as iguarias: minipolvo, filhote de enguia, água-viva, ouriço do mar, barbatana de tubarão, ovas de bacalhau e abalone.

Uma coisa que me faltava no ramo da gastronomia, mesmo depois de anos, era a coragem para provar comidas exóticas. Quando criança, eu costumava brigar com meus irmãos por causa dos miúdos de galinha na sopa do jantar. Adorava comer o pé da galinha, orelha e rabo de porco e bifinhos de fígado. Quando cheguei a São Paulo, no começo dos anos 1990, tive contato com alguns pratos da culinária nordestina, mas confesso que até hoje não sou muito chegado.

No Julia Cocina servíamos ostras, mexilhões, camarões, polvo e lulas, mas nunca provei nenhum deles, primeiro porque não gostava da ideia de esses bichos serem retirados do mar, só comia animais que haviam sido criados para servir de alimento. Isso é meio besta, eu sei, mas eu pensava assim e, depois, simplesmente achava aquelas criaturas muito repugnantes para serem vistas como saborosas. Para fugir dessas degustações eu usava a desculpa de ser alérgico a frutos do mar, mas não tive justificativa para não provar o *foie gras*, o famigerado fígado gordo de ganso que ainda hoje desprezo.

Um dia, a chef Paola havia conseguido miolo de boi com seu açougueiro, algo difícil de encontrar, e resolveu testar um pouco na chapa, com sal e azeite. Por acaso, eu estava passando ao lado da cozinha quando ela me chamou para dar uma opinião a respeito. Olhei desconfiado para o garfo que ela segurava e perguntei o que era aquela coisa branca e viscosa: "cérebro de boi", me disse toda animada. Não tive coragem de provar, senti náusea e disse que ela poderia me demitir, mas não provaria aquilo por nada deste mundo.

Mas o tempo passou e aos poucos fui descobrindo os sabores de cada um daqueles animaizinhos tão esquisitos, muito por incentivo da Paola, que me sugeriu o livro *O homem que comeu de tudo*, de Jeffrey Steingarten. O livro é fascinante e abriu minha cabeça sobre as possibilidades sensoriais de determinados pratos. A obra conta as experiências de um advogado que larga a sólida carreira para ser crítico gastronômico da revista *Vogue* e decide viajar o mundo em busca de comida. Ele tenta desvendar os segredos por trás de um alimento perfeito – por exemplo, qual o melhor tipo de óleo para fazer batatas fritas? Jeffrey vai em busca da resposta testando todos os tipos de óleo, ouvindo a opinião de chefs e cozinheiros famosos a respeito de fritas, até chegar a uma conclusão: o melhor óleo para fritar suas batatinhas é o de gordura de cavalo. E, assim, aborda vários tipos de alimentos. Obviamente, Jeffrey não comeu de tudo, mas sobreviveu para contar suas histórias e inspirar pessoas como eu.

Depois disso, simplesmente troquei o chip no meu cérebro. Trabalhando com gastronomia, não me parecia honesto ter limitações com comida, então decidi que provaria tudo que fosse comestível sempre que possível. Posso até não gostar, mas é fundamental saber o gosto e a textura de determinados alimentos. Isso mudou a maneira como eu enxergava o restaurante e me fez ter certeza de querer continuar trabalhando em um deles. Foi com esse espírito que me debrucei sobre a tábua de degustação das iguarias japonesas e resolvi enfrentar logo aquilo. Na verdade, o que despertava o interesse das pessoas por um combinado de iguarias era justamente o fato de serem desafiadas a superar seus limites, já que, em se tratando de sabor, não é a coisa mais agradável do mundo. Entre todos os itens, o que realmente desagradou foram os filhotes de enguia. São pequenas cobrinhas cilíndricas e transparentes, com dois olhinhos pretos que parecem olhar pra você. Ao mastigar, elas explodem na boca, liberando um gosto de peixe podre que permanece por um longo tempo no hálito. Todos concordaram que não valia a pena uma segunda prova.

Alguns garçons, na hora de vender esse combinado, exaltavam justamente a experiência com as enguias e tentavam disfarçar o riso ao ver a cara dos clientes tentando esconder o fato de terem odiado o sabor horrível que permaneceria até o fim da refeição.

Trabalhar no Buddha Bar estava sendo muito enriquecedor, ao menos durante os dias em que a casa funcionava normalmente, servindo o jantar. Mas o que começava a incomodar era que em certas noites o restaurante fechava para algum evento ou balada. Esses dias me lembravam a experiência no Café de La Musique, pois de maître de restaurante eu passava a maître de balada.

Com o desastre da operação na primeira festa, passamos a utilizar rádios com fones para nos comunicarmos no sistema TKS, QRP, QRU e por aí vai. Facilitava nos eventos, mas incomodava durante o serviço no restaurante – alguém achou que seria uma boa ideia usar o rádio com fone durante o atendimento de mesa. Precisava me concentrar em anotar o pedido dos clientes enquanto ouvia a conversa fiada de pelo menos mais dez pessoas. No fim do expediente minha orelha doía por um bom tempo. Felizmente, um dos quinze sócios teve o bom senso de eliminar essa prática. Voltamos todos a ser maîtres normais novamente.

O Buddha Bar abria as portas às 20 horas, o que me permitia utilizar as tardes para fazer treinamento com a equipe. Uma das coisas que eu mais gostava de fazer era dar treinamento aos funcionários. Eu convocava todos eles algumas horas antes, praticamente todos os dias, para ensinar coisas sobre o cardápio, sobre bebidas, fazia encenações com situações corriqueiras do serviço, ensinava inglês básico de hotelaria para que pudessem atender minimamente bem os estrangeiros que apareciam na casa. Eu adorava aquilo, mas os garçons não gostavam.

Segundo Danny Meyer, em seu livro *Hospitalidade e negócios*, é extremamente importante os garçons perceberem o valor estético de fazer algo da maneira certa. É comum nos referirmos a um balé quando o serviço é executado de maneira perfeita. Assim como na dança, um serviço bem coordenado e consciente, feito com alma, é algo bonito de se ver. Fazer qualquer coisa mecanicamente, só por fazer, por mais eficiente que seja, não tem beleza e é rapidamente esquecido pelo cliente. Entender a diferença entre serviço e hospitalidade é fundamental para o sucesso. O serviço é a entrega técnica de um produto e hospitalidade é como a entrega desse produto faz o cliente se sentir. Com esses conceitos, ensaiávamos a abertura e decantação de vinhos de uma forma quase teatral, buscávamos a elegância necessária para a limpeza de migalhas da mesa, estudávamos a forma correta de segurar os cardápios sem parecer desconfortável, testávamos o tempo exato de permanência na mesa, antes de perturbar o prazer da refeição do cliente.

Para um desses treinamentos, chamei uma professora de maîtres e garçons da Escola de Hotelaria e Turismo de São Paulo para ensinar a forma correta de atendimento. A indicação da professora foi do RH do Buddha, por isso resolvi aceitar. Ela foi explicando os tipos de serviço à mesa, o lado certo para retirada dos pratos, com que mão devemos pegar os utensílios, listou as funções dos maîtres, garçons e cumins, falou sobre o tipo de postura, os cuidados com a higiene e comportamento ético que os funcionários deveriam ter; enfim, foi uma aula objetiva e óbvia para a grande maioria.

Havia uma grande expectativa em relação à professora, conhecida no meio por apresentar o programa *Giro da Gastronomia*, e, segundo ela mesma, a primeira garçonete do Brasil. Ela apresentou coisas básicas e fundamentais, mas nada que eu não tivesse passado à equipe. Fiquei um pouco decepcionado com a experiência, tanto que não continuamos com as aulas.

Como meu conhecimento prático era limitado e estava chegando ao fim, resolvi recorrer mais uma vez aos livros. Infelizmente não encontrei muitas opções no mercado. Comprei o livro *Arte e ciência do serviço*, dos autores Heinz Beck, Umberto Giraudo, Simone Pinoli e Marco Reitano. O livro é um belo apanhado de todas as etapas e processos em hotéis e restaurantes, muito objetivo e cheio de fotos demonstrando os procedimentos. Sem dúvida, uma belíssima e útil aquisição. Mas o livro trata de hotéis e restaurantes europeus, que, se na essência são parecidos com os nossos, nos detalhes estão longe da nossa realidade. Eu estava querendo algo que abordasse o tipo de serviço mais informal e sem tantos floreios, que era o que buscávamos para o Buddha.

De autores nacionais não encontrei muita coisa, mas reparei que um autor havia escrito vários livros sobre diferentes áreas da hotelaria e restauração – comprei dele o *Manual do Maître d'Hôtel* para consultas. O autor, Aristides de Oliveira Pacheco, estudou na renomada École Hôtelière de Lausanne, na Suíça, e é professor da Escola de Hotelaria e Turismo do Senac.

O livro, embora bastante óbvio e superficial, acabou servindo para a elaboração de um manual de treinamento para os garçons, com centenas de páginas, ricamente ilustrado com fotos de todos os procedimentos, receitas, fichas técnicas, história da franquia Buddha Bar, resumo das atividades dos sócios e tal. Ficou muito bonito e me tomou várias horas. Eu estava particularmente satisfeito e orgulhoso com o trabalho, mas ninguém se dignou a ler além do índice.

Ainda hoje costumo elaborar esses manuais, simplesmente porque amo pesquisar e aprender um pouco mais sobre o que gosto, mas tenho plena consciência de que não serão lidos por mais ninguém. Sei disso porque costumo elaborar provas escritas sobre as apostilas e mesmo recomendando aos garçons que estudem para a prova, os resultados costumam ser desanimadores.

Enquanto pacientemente eu focava os treinamentos da brigada, o Buddha Bar estava passando por algumas mudanças bastante significativas. Desavenças entre os sócios, para variar, eram constantes. Havia dias em que a casa estava preparada de uma forma e, em questão de minutos, deveria estar de outra, apenas porque um dos sócios não concordava com a ordem do outro e, para irritá-lo, mandava mudar tudo.

Isso deixava os garçons confusos, mas o que realmente fez com que a maioria da brigada simplesmente abandonasse o posto foi a abertura do restaurante no horário do almoço. Se antes o garçom entrava às 17 horas para trabalhar em um turno apenas, agora deveria entrar às 10 horas, trabalhar meio período, descansar e retornar para o período do jantar, ou seja, perderia o dia todo. Claro que a maioria não topou, e lá se foram os meus garçons descolados. Não tive outra saída a não ser chamar os "pés de boi".

Com isso, a qualidade do serviço despencou e uma série de outros acontecimentos me desanimou. Depois de apenas dez meses, eu simplesmente não acreditava mais na recuperação do restaurante.

O gerente-geral foi demitido; os sócios brigavam entre si; o francês, Raymond Visan, ameaçou retomar a franquia; a chef Bel Coelho havia tempos não estava mais na cozinha; os garçons, cada vez menos qualificados, quando vinham trabalhar, ou vinham embriagados ou sem a mínima vontade; um dos barmen começava a dar trabalho por conta do abuso de drogas e eu, bom, eu me escorava no balcão da recepção onde ainda havia algumas hostesses bonitinhas ou, então, ficava na adega com o sommelier matando uma garrafa de champanhe. Não me orgulho disso, mas estava sendo tão sacaneado pelo restaurante que, antes de sair, resolvi aproveitar um pouco.

Mas o destino é fantástico. Estava eu andando desanimado por entre as mesas vazias do Buddha Bar, quando vejo entrar minha antiga chefe Paola Carosella. Imediatamente fiquei feliz e, mesmo envergonhado, tratei de proporcionar uma boa experiência para ela e seu convidado, por acaso o arquiteto do restaurante que ela estava querendo abrir. Logo após o jantar ela me perguntou se eu gostaria de tomar um café no dia seguinte para falarmos de negócios. "Claro!", respondi com os olhos brilhando.

Esse foi o meu último dia no que poderia ter sido o melhor restaurante da América Latina.

Pausa para um cigarro

Segurando as pontas

Eu estava cansado, desiludido, aborrecido e me sentindo mal por continuar trabalhando em restaurantes. A idade começava a pesar e a paciência para lidar com os donos, chefs e garçons de restaurantes estava acabando. Será que era hora de parar, de mudar de área? Quem sabe prestar um concurso público e ficar o resto dos meus anos confortavelmente sentado atrás de uma mesa, fazendo serviços burocráticos até me aposentar. Eu realmente precisava de uma luz.

Durante vários dias fiquei quebrando a cabeça buscando uma alternativa que pudesse me motivar. Mas não consegui. Trabalhar em restaurante é uma das coisas mais incríveis e contraditórias que existem.

Quando conheço alguém e digo que trabalho em restaurante, as pessoas desfilam uma série de adjetivos e fantasias sobre o ofício, que quase me convencem de que é realmente tudo isso:

– Nossa, deve ser incrível trabalhar com comidas maravilhosas, encontrar pessoas famosas, muito luxo, glamour e festa.

E eu pensando: "Quem dera na minha folga eu pudesse sair e beber uma gelada num boteco!".

Dá a impressão de que quem está fora quer entrar e quem está dentro quer sair o mais rápido possível. Alguns conseguem sair, é verdade, mas precisa ser bem no começo, quando ainda não foram fisgados pelas armadilhas postas por quem já está no ramo há anos ou não demonstraram a aptidão necessária. A grande maioria, mesmo, não consegue mais sair. E somente nessa fase é que podemos dizer que somos realmente apaixonados por gastronomia sem que isso soe pretensioso. Eu me tornei um desses apaixonados e precisarei conviver com isso pelo resto da vida.

É engraçado escutar uma pessoa tentando explicar como, segundo ela, seria trabalhar em um restaurante. Realmente trabalhamos com comidas maravilhosas, mas, dependendo do restaurante, alguns garçons nunca sequer chegam a provar um dos pratos do menu. Aliás, a comida servida para os funcionários que trabalham em restaurantes é, para mim, uma das coisas mais inexplicáveis desse ramo. Parece que um único cozinheiro elaborou o cardápio para todos os restaurantes de São Paulo: arroz e feijão sempre, picadinho de carne, frango ensopado e linguiça calabresa se revezavam na semana. Salada, só quando o cozinheiro estiver de bom humor. Mas no fundo não importava muito, pois tudo tinha exatamente o mesmo sabor. Não conseguia entender como cozinheiros talentosos e exigentes conseguiam fazer e comer uma comida tão ruim. Um dia não aguentei e perguntei. A resposta do chef foi:

– Os cozinheiros não têm tempo para cozinhar o almoço ou o jantar para os funcionários, já que estão ocupados preparando o *mis en place* para o período.

Quem faz a comida dos funcionários é um "dos piás", os responsáveis pela lavagem das panelas e pratos. Geralmente a praça dos piás é a porta de entrada para a maioria das pessoas que trabalha na cozinha de restaurantes. Nessa praça não é necessário saber cozinhar, basta ser jovem e ter fôlego para aguentar a maratona de trabalho. É raro o jovem iniciante ter grandes habilidades na hora de preparar a comida para os colegas. Isso definitivamente justifica o menu tão básico.

Com relação aos famosos, eles realmente frequentam bastante os melhores restaurantes da cidade, mas, devido à correria, só ficamos sabendo quando alguém, no fim da noite, nos pergunta:

– Como é mesmo o nome daquela atriz que estava na sua praça hoje?

– Oi? Atriz? Onde?

Para a maioria dos garçons e principalmente maîtres, é muito mais divertido fingir que não os conhecem. Eu mesmo adoro fazer isso, principalmente com subcelebridades, que insistem em repetir seus nomes. Ainda sobre esse assunto, uma das coisas que mais irritam os atendentes é saber que um famoso virá ao restaurante no fim da noite, já que as chances de ser incomodado por diversos fãs sem noção é menor. Depois de uma noite corrida, a última coisa que você quer é ficar de camarote esperando uma estrela qualquer desfrutar seu vinho sossegadamente com a namorada, como se não houvesse amanhã.

Todos os clientes, mesmo aqueles não famosos, que chegam tarde, perto do horário de fechamento, não imaginam que são odiados. O gerente que os recebe com um enorme sorriso, tão bem treinado que até parece sincero, sabe que será odiado por toda a sua brigada. Ele precisará de muita paciência e boa vontade para convencer o barman a preparar um coquetel na sua bancada recém-esterilizada, para fazer com que o chef ligue todos os equipamentos e segure todos os cozinheiros que tentavam escapar sorrateiramente. Não acredite no aviso da porta que diz: funcionamento das 20h até 0h30. Não é aconselhado entrar em qualquer restaurante faltando trinta minutos para o encerramento. Por mais que o gerente lhe diga o contrário, você provavelmente não terá o mesmo atendimento, sua comida não será preparada com o mesmo carinho e sua presença será forçadamente cronometrada para que seja a mais breve possível. Ou você realmente acha que é apenas uma estranha coincidência o *petit gâteau*, a sobremesa mais demorada do restaurante, ter acabado justamente naquele dia?

Nada luxuoso, portanto, ter que desmontar todo o salão com os pés doendo, a cabeça já dormente e o corpo cambaleante, que ainda precisa correr muito para não perder o último coletivo. Realmente, vida de garçom é uma festa.

Mas nem tudo é tão ruim a ponto de fazer os verdadeiros apaixonados desistirem do seu sonho, seja lá qual for. Existem muitas pessoas incríveis no meio, pessoas que se dedicam verdadeiramente àquilo que lhes dá prazer. Pessoas que gostam de passar seus conhecimentos, que inspiram o crescimento pessoal e profissional. Durante todos esses anos, fiz amizades duradouras e outras nem tanto, mas sempre aprendi muito com as pessoas que passaram pelo meu caminho.

O mundo da gastronomia em São Paulo é muito pequeno e dá voltas, como dizem os mais experientes. É muito comum encontrar em outro restaurante pessoas com as quais já trabalhamos. Existe uma rotatividade constante, ou por conta de melhores salários, porque o restaurante fechou, porque trocou o gerente e ele resolveu mudar toda a equipe ou, ainda, porque as pessoas buscam melhores condições para crescer profissionalmente. É um ramo com alto *turn over*.

Acontece uma coisa muito curiosa quando um garçom muito bom sai de um restaurante. No mesmo dia a notícia se espalha e, milagrosamente, surgem vagas por toda a cidade. Tal agilidade só é possível por meio de um sofisticado sistema de comunicação chamado rádio peão.

A rádio peão é um sistema que se baseia no diálogo entre o funcionário de um restaurante e outro. Vulgarmente é conhecido como fofoca, mas, como estamos lidando com homens, não pegaria bem. Isso funciona principalmente porque sempre há um garçom que conhece alguém em algum outro restaurante, já trabalharam juntos, são parentes, ou porque não têm nada melhor pra fazer. Esse sistema é muito utilizado quando precisamos recrutar de última hora e sem muito esforço. Basta colocar o anúncio na rádio peão e esperar. Um garçom com boas qualidades e muitos amigos pode conseguir inúmeras vantagens e dificilmente ficará sem trabalho. Mas, se ele pisou na bola alguma vez, pode nunca mais conseguir trabalho. Sem dúvida, um alcance de causar inveja a muitas outras rádios.

Prato principal

O mais importante

"Quero abrir um restaurante único e que se torne um clássico paulistano, assim como foi o Julia Cocina", confidenciou Paola enquanto tomávamos um café próximo à Avenida Faria Lima.

Tudo que eu mais queria àquela altura era um restaurante que tivesse o mesmo tipo de comprometimento com a qualidade, com os funcionários e com os clientes que o Julia teve. Algo que nunca mais vivenciei em nenhum outro restaurante de São Paulo, trabalhando ou frequentando. Para mim, foi mais do que natural aceitar o convite para gerenciar o seu novo projeto, chamado Arturito.

O Arturito seria exatamente o oposto do que foi o Julia Cocina. Nada de paredes brancas com poemas escritos, nenhum cristal decorando o teto, nem mesmo cortinas coloridas ou as toalhas brancas sobre as mesas. O Arturito seria um restaurante masculino, com muita madeira, metal e cimento queimado. Algo bem Nova York, mais uma vez, definido pelos paulistanos *habitués* da Big Apple. A história por trás do nome é curiosa. É uma referência à sua localização, na Rua Artur de Azevedo, em Pinheiros. Paola havia escolhido um local maior para seu novo restaurante, mas ao passar a pé pelo charmoso sobrado decidiu pedir ao seu arquiteto que projetasse dois restaurantes distintos, um maior e outro menor, para o da Artur. Para diferenciar os projetos, ela se referia ao menor deles com o diminutivo do nome da rua em espanhol, ou seja, Arturito.

O novo restaurante funcionaria só para o jantar, abrindo pontualmente às 19 horas. Esse fato me deixou muito animado, pois poderia conseguir garçons melhores e mais qualificados. O restaurante ainda estava em obras quando o conheci e, segundo Paola, deveria ser inaugurado em dois meses. Eu olhei o estado da obra e achei praticamente impossível ficar pronto nesse tempo. Mesmo assim, comecei a pensar em quem poderia chamar para compor minha equipe de salão. É muito difícil selecionar candidatos para trabalhar em um restaurante quando ainda está em obras. Temos as dificuldades físicas, que nem sempre permitem uma entrevista no local, e temos dificuldade para especificar o salário que os garçons vão receber. Não exatamente quanto ao salário de registro, pois existe um piso para a categoria, mas sim quanto ao valor proveniente da taxa de serviço. O salário de quem trabalha em restaurante é composto pelo piso salarial registrado em carteira, geralmente a menor parte, mais o valor referente à taxa de serviço, a maior e mais importante para o empregado desse setor. A caixinha, como é chamado esse dinheiro, é composta por parte da taxa de serviço, pois a maioria dos estabelecimentos desconta a taxa de cartões de crédito e um valor referente à quebra de materiais do montante, e pelo repique, o dinheiro que o cliente deixa além da taxa de serviço. Esse valor é repassado semanalmente ou quinzenalmente, depende da política interna do restaurante. Como não fazia ideia do preço dos pratos nem do número de clientes que teríamos, ficava difícil mencionar algum valor para os candidatos. Por conta disso, resolvemos pagar um salário acima do piso da categoria para atrair pessoas mais qualificadas. Coloquei alguns anúncios em sites de empregos, espalhei a notícia por meio da rádio peão e contatei alguns amigos maîtres para me ajudarem com indicações. Não demorou muito para ter um número considerável de candidatos para entrevistar.

Essa era minha segunda chance de montar um time de atendentes do jeito que eu queria. Apesar de ter ajudado com os candidatos no Buddha, não considerei aquela equipe como sendo uma escolha unicamente minha. Teria agora uma nova chance de formar um *dream team* de garçons. Havia muitas coisas a meu favor: uma chef de cozinha conhecida, um piso salarial maior, um horário de funcionamento atrativo e muitas referências do Julia Cocina, um dos restaurantes mais comentados por apresentar aos paulistanos um novo conceito em gastronomia na época.

Antes de marcar as entrevistas com os candidatos que mandaram seus currículos, entrei em contato com algumas pessoas com as quais já havia trabalhado e que considerava uma boa escolha inicial. Precisava de alguém para me ajudar a dar uma cara para a equipe. Chamei garçons e garçonetes do Buddha com os quais me identificava e que tinham algo especial: carisma.

Uma das coisas que faziam a diferença em trabalhar com a Paola era o fato de ela ser alguém do ramo. Alguém que realmente sabe o que quer e como as coisas funcionam.

Isso fazia toda a diferença na hora de treinar uma equipe. No Arturito, os treinamentos nunca pararam de acontecer porque sempre havia algo novo para aprender. Nada era proibido ou descabido; se quiséssemos ter aulas de dança para aprender a caminhar com mais desenvoltura pelo salão era só marcar, se achássemos necessário ter um contato maior com a cozinha era só agendar. Nunca nos foi negado provar um dos pratos ou produtos do cardápio, não havia desculpas para não saber do gosto, da origem e da história de algum dos ingredientes. Tudo no Arturito era movido por um entusiasmo genuíno e uma vontade de aprender e ensinar que jamais encontrei em outro lugar. Quando voltei a trabalhar com alguém tão apaixonado por restaurantes como a Paola, resolvi que nunca mais trabalharia com quem não fosse do ramo. Simplesmente cansei de dedicar esforço e trabalho àqueles que não faziam ideia de como as coisas funcionavam nos bastidores e que só tinham interesse em fazer seu dinheiro girar. Cansei de trabalhar em restaurantes que serviam apenas para alimentar o ego de seus donos ou que eram fachada para algum tipo de lavanderia.

    Eu, definitivamente, queria trabalhar num lugar legal e com pessoas legais. Considerando que ficamos em média um terço de nossas vidas no trabalho, nada mais lógico do que tornar o local de trabalho um lugar agradável. Mas só agradável não é suficiente. O que faz com que as pessoas gostem de trabalhar em determinado lugar? Dinheiro é importante, mas não é o principal fator. O que realmente faz com que as pessoas gostem de trabalhar num lugar é o fato de poder encontrar pessoas legais. Parece óbvio, mas eu mesmo só descobri isso muito tempo depois. A troca de experiências, a possibilidade de fazer amigos, o enriquecimento cultural e os diferentes aprendizados que uma turma diversificada proporciona é que fazem um lugar ter uma equipe entrosada. Pensando nisso, minha equipe foi composta por pessoas que buscavam esse tipo de ambiente.

    Se por um lado a equipe já estava praticamente completa, por outro, a abertura do restaurante foi adiada por mais dois meses. Não vou dizer que sou pessimista, mas com o tempo me tornei um expert em adivinhar os atrasos em obras de restaurantes. Sempre que vejo que o andamento da obra é inversamente proporcional ao entusiasmo do dono, eu digo quanto tempo realmente vai levar para concluir a obra. Acho que é um dom natural.

    Com algum atraso, finalmente o Arturito abriu suas portas para o público, que compareceu de forma bastante tímida. Faríamos alguns dias de *soft opening* para amigos e alguns "passantes", clientes que passavam na rua e acabavam entrando para conhecer. A equipe ainda não estava completa, faltavam alguns profissionais de peso em posições-chave, mas as coisas transcorreram relativamente bem. Durante os três primeiros dias de *soft opening* não cobrávamos nada dos clientes, eles apenas deixavam uma gorjeta para os garçons. Por quase um mês, para comemorar, oferecíamos uma taça de espumante como cortesia aos que entravam no restaurante.

Esse período foi essencial para as brigadas de sala e cozinha se familiarizarem com o menu e o serviço. Pude perceber como os garçons atendiam os clientes e identificar algumas falhas que deveriam ser corrigidas. Muitos insistiam em perguntar aos clientes "Como está tudo?". Esse tipo de pergunta vazia vai ter uma resposta também vazia. Raros são os clientes que respondem sinceramente. É mais ou menos como quem diz "Oi, tudo bem?" e a outra responde "Tudo, e você?". Ninguém costuma relatar seus problemas para o outro apenas porque fez uma pergunta mecanicamente. Muitos clientes que respondiam "Tudo bem" para o garçom diziam o contrário para os manobristas ou em seus blogs de gastronomia, uma moda que estava começando junto com o Arturito.

Não demorou a aparecerem os principais críticos, ávidos pelas novidades da chef Paola Carosella em seu novo restaurante, o Arturito. Como é comum nesses casos, todos estavam bastante apreensivos. Ao contrário do que se imagina, os críticos tinham data e hora marcada para aparecer no restaurante e, além disso, todos eram bem conhecidos. Mesmo assim, imprimíamos uma foto deles e a colocávamos no mural interno, para que todos se familiarizassem e pudessem identificá-los assim que chegassem. É curioso pensar que nos Estados Unidos o crítico de algum jornal importante não revela sua identidade e, se for preciso, usa até mesmo um disfarce.

Um desses críticos famosos era o saudoso Saul Galvão, excelente jornalista, apaixonado por gastronomia, profundo conhecedor de vinhos e um profissional muito respeitado no meio. Certa vez, ao ser questionado sobre como fazia suas críticas para um restaurante, ele respondeu: "Eu não escrevo críticas, eu escrevo crônicas. O brasileiro não está preparado para receber críticas".

Realmente o brasileiro não está e talvez nunca esteja preparado para receber críticas. Isso ficou claro quando lemos a crônica morna sobre a sua visita ao Arturito.

O que mais me incomodou na crítica, e em todas as outras que vieram, foi o pouco caso com relação ao serviço. Um crítico só vai ao restaurante para avaliar a comida, não importa o ambiente ou o serviço. O serviço ainda precisa de ajustes, é o termo mais utilizado nas avaliações. É óbvio que com apenas alguns dias o serviço ainda precisa de ajustes. Um restaurante costuma entrar nos trilhos depois de uns três meses de funcionamento.

Durante os três primeiros meses ainda estávamos trocando um ou outro integrante da equipe de sala. Havia uma equipe composta em sua maioria por ótimos garçons e garçonetes. Infelizmente também havia alguns medianos na equipe. Existem três tipos de garçons: os fortes, os medianos e os fracos. Desses, os piores são os medianos. Os fracos acabam saindo da equipe porque não conseguem acompanhar o ritmo dos demais. Os medianos não são nem tão fracos para justificar uma troca e nem tão fortes para conseguirem evoluir e se destacar. São, portanto, apenas garçons medianos, dos quais não podemos esperar muito mais do que o básico. Eu queria minha equipe composta por pessoas fortes, mas mesmo assim eu estava bastante otimista com os resultados. Eu era obcecado por fazer reuniões com a equipe, tudo era motivo para uma reunião, os erros da noite anterior, os pontos a serem melhorados ou algum treinamento que deveria ser dado. Durante o horário de funcionamento eu praticamente não relaxava e exercia uma enorme pressão sobre os garçons. Queria corrigir na hora o que via de errado. Eu tinha um péssimo hábito nos primeiros meses: sempre que via um garçom conversando com outro durante o movimento, eu dava um beliscão no braço daquele que estivesse na minha frente. Certa vez, ouvi os garçons de um famoso restaurante comentarem que o dono circulava pelo salão com um garfo no bolso, e toda vez que ele via um atendente parado, enfiava o garfo entre as costelas do infeliz. Eu havia perdido a noção do quanto essa atitude incomodava os garçons e principalmente as garçonetes, até que uma delas resolveu relatar o fato para a proprietária, Paola.

Antes que me processassem por assédio moral, eu resolvi pedir desculpas e parar de vez com essa forma de exercer pressão no trabalho.

Trabalhar com a Paola elevava nossos padrões de qualidade para muito além do que podíamos imaginar. Nada do que era feito no Arturito era suficientemente bom a ponto de não precisar ser refeito melhor. Trabalhávamos com essa diretriz: isso é realmente o melhor que você pode fazer? Isso influenciava muito na forma de fazer o serviço. Com o tempo, passou a inspirar uma competição interna a respeito da melhor forma de se fazer algo.

Das equipes com as quais tive oportunidade de trabalhar, estava claro para mim que a do Arturito era a mais afiada. Tinha ótimos vendedores, pessoas inteligentes que adoravam explicar os ingredientes e o processo de elaboração dos pratos, pessoas comprometidas com horários e objetivos. Havia finalmente conseguido juntar várias pessoas interessantes, bastante unidas, que adoravam ir trabalhar para poder se encontrar e mantinham a alegria e o entusiasmo dia após dia. Tudo parecia estar indo muito bem, menos para os clientes e para a Paola.

Os clientes achavam os garçons do Arturito arrogantes. Eu sabia que não era verdade. Refletindo um pouco sobre a forma de atendimento no restaurante, constatei que era algo muito diferente do que os clientes estavam habituados em outros locais. A maioria dos restaurantes não se importa muito com o que o garçom fala ou deixa de falar à mesa enquanto anota os pedidos. Os clientes, por sua vez, também não estavam acostumados com o nível de informação dos garçons do Arturito. Isso me fez concluir que garçom que sabe mais do que o cliente é visto como arrogante, preconceito que tentamos eliminar. Tínhamos um cuidado muito grande com o tipo de abordagem com cada tipo de cliente. Para isso, os garçons deveriam saber se o cliente era do tipo que queria falar ou do tipo que queria escutar.

O mais difícil era saber o limite de tempo que se deveria ficar junto à mesa. Sempre havia alguém que se empolgava um pouco mais e precisava ser retirado para atender um telefonema inventado para a finalidade. Muitas vezes, eu mesmo fui retirado da mesa com essa técnica por algum dos garçons.

Existem inúmeras situações com clientes nas quais os atendentes são postos à prova. Devemos levar em conta que um restaurante, antes de tudo, é um negócio, e como tal se propõe a vender algo para o cliente. O garçom, por sua vez, faz o papel do vendedor, portanto é natural que ele ofereça os produtos do estabelecimento. Mas, diferente de qualquer outro comércio, os clientes que entram em um restaurante por livre e espontânea vontade sabem que irão gastar. Ninguém entra em um restaurante e diz "só estou dando uma olhada por aí, depois eu volto", ou então "agora gostaria de provar os raviólis, estes tortellinis não combinam comigo". Existe esse acordo implícito entre o cliente e o garçom, cada um sabe o papel que deve desempenhar.

Mesmo assim, certos clientes se ofendem ou se irritam com o fato de o garçom oferecer opções para um determinado pedido. É perfeitamente natural um vendedor em uma loja de roupas oferecer um par de meias, um cinto, uma calça, uma gravata para alguém que entrou apenas para comprar uma camisa. Por que é tão malvisto um atendente que oferece cinco tipos de vodca para a sua caipirinha de frutas vermelhas? Um garçom de restaurante, em São Paulo, precisa de uma dose extra de boa vontade e um controle emocional muito grande para não sair estapeando certos clientes.

Se a vida de um garçom é difícil, imagine o que não passa uma garçonete.

As meninas são raridade em restaurantes. Meninas se adaptam melhor a bares, lanchonetes ou cafeterias moderninhas, lugares em que não é difícil encontrá-las.

O horário da jornada de trabalho também dificulta – é muito perigoso uma mulher sair sozinha de madrugada. E incomoda bastante o constante assédio dos clientes. Quando percebem uma mulher em território dominado por homens, eles tendem a achar que, além da comida e bebida, ela também faz parte do cardápio. Uma mulher, além de saber oferecer e explicar os pratos, ainda precisa ter jogo de cintura para se livrar das cantadas baratas de forma sutil e simpática.

Restaurantes costumam contratar homens por conta da rotina pesada, por machismo e, principalmente, porque não encontram com facilidade uma garçonete disposta a lidar com tanta testosterona em um só ambiente. Em restaurantes tradicionais, onde os garçons são mais experientes, existe um preconceito por acharem que a mulher não consegue desempenhar a função da mesma forma e, portanto, não seria justo pagar a mesma pontuação de caixinha. Esses são alguns dos motivos que justificam apenas a presença de garçons nos principais restaurantes de São Paulo.

O jornalista André Barcinski, em seu livro *Guia da culinária ogra*, fez uma lista dos dez mandamentos para caracterizar um estabelecimento como um templo ogro. No que se refere aos garçons, ele diz: "Os garçons não podem ser manequins ou atores, mas, de preferência, velhos e feios". Muitas vezes eu concordo com essa definição. Lugar de ogro precisa de atendentes ogros. O mais contraditório é que aquele cliente que em São Paulo faz birra, reclama do atendimento, dos pratos, da bebida e até da cor da gravata do maître, é o mesmo que se comporta como um cordeirinho quando vai a algum restaurante da Europa. Cansei de escutar, em alto e bom som, o cliente enaltecendo suas experiências gastronômicas à mesa de um bistrô francês qualquer, onde o atendente mal olhava para ele enquanto atirava os pratos sobre a mesa. Diante dos amigos chocados, ele, com toda a graça, respondia:

– Mas é assim mesmo em Paris!

Nessas horas, eu sempre imaginava algum desfecho criativo, na linha dos filmes da série *Jogos Mortais*. A principal diferença entre o cliente e o garçom é que o primeiro pode falar tudo que lhe vem à cabeça, enquanto o outro pode apenas pensar. Era uma das coisas que mais fazíamos: pensar muito.

Uma situação que pode constranger ambas as partes é quando o garçom oferece uma série de produtos e o cliente escolhe justamente o mais caro. Até aí, tudo bem, faz parte do serviço oferecer um pouco de luxo, mas o problema é quando chega a conta e o cliente, revoltado, se recusa a pagar o valor da dose, alegando que o garçom não informou o preço. Segundo essa lógica, deveríamos ter que perguntar ao cliente: "O senhor tem certeza de que pode pagar por essa dose, ou quer escolher uma opção mais barata?". Eu pensaria: "Se não tenho certeza dos preços e não quero perguntar, peço o cardápio para dar uma olhada e ver se realmente posso ou quero pagar o preço cobrado". Outro problema que poderia ser evitado durante a escolha dos pratos é perguntar, antes, se ele leva alho ou outro ingrediente que você detesta, em vez de achar que o garçom tem obrigação de adivinhar seus gostos pessoais. Ficamos revoltados, sim, quando você diz, naquele blog de reclamações, que teve que jantar sozinha porque erramos o seu pedido. É sempre bom lembrar: cozinheiros detestam refazer um prato.

Existe uma lenda, a de que os cozinheiros acrescentam certo "toque especial" nesses casos. Por via das dúvidas, jamais peço para refazerem o meu prato.

Foi-se o tempo em que o cliente saía para jantar apenas para se alimentar. Hoje espera-se algo a mais, um motivo para descontrair ou aliviar as pressões do cotidiano. Nesses casos, o cliente deixa de analisar a relação preço e qualidade e passa a considerar preço e prazer.

O Arturito era um restaurante praticamente artesanal, fabricava embutidos, fazia os pães e passava longe de pré-montagens ou linha de produção. A comida era preparada na hora e por isso demorava um pouco mais. Andávamos na contracorrente do mercado, que se adaptava a novos conceitos de velocidade e eficiência. Para os clientes, demora é sinal de ineficiência, não importa justificar com frescor e sabor, termos praticamente abstratos para a maior parte do público. Muitos esperam da refeição um espetáculo. Estão acostumados a frequentar restaurantes que apresentam pratos com montagens vertiginosas, ramos e folhas que parecem elementos cenográficos e uma série de outros apelos que remetem a uma obra de arte, mas que não correspondem em sabor. No Arturito servíamos comida de verdade, sem floreios ou enfeites, que tinha cara de comida e alimentava corpo e alma. Essas noções não são bem assimiladas pelos clientes, acostumados com os restaurantes da moda, que são uma cópia da cópia de algum lugar.

Mudanças são sempre bem-vindas, mas nem sempre as pessoas conseguem se adaptar rapidamente. Vários conceitos de gastronomia evoluíram, principalmente no setor de luxo, que não está mais associado somente à decoração do espaço e ao conforto das cadeiras, mesas e às regras de etiqueta. Regras que praticamente sumiram dos restaurantes, porque ninguém se importa mais em receber os pratos pela direita ou esquerda, desde que cheguem rapidamente. Por que deveríamos atrapalhar um almoço de negócios ou um jantar romântico para servir os pratos pelo lado certo da mesa? As regras são importantes apenas para que possamos quebrá-las toda vez que isso signifique mais comodidade e conforto aos clientes.

Com tudo isso em mente, seguíamos trabalhando, fazendo um ou outro ajuste na equipe. A convivência entre o pessoal do restaurante tinha suas vantagens, pois todos se respeitavam e se ajudavam bastante durante o serviço, tornando a rotina prazerosa. Mas trabalhar tanto tempo junto também tinha suas desvantagens. Alguns garçons começaram a se aproveitar da camaradagem para se ausentar com frequência do salão. Geralmente para beber algum vinho nos bastidores ou cheirar cocaína no banheiro.

O alcoolismo e o consumo de drogas são problemas frequentes no ramo. Diversas vezes tive que dispensar ótimos garçons por esses dois motivos. No Arturito, tive de correr para escapar da fúria de um segurança, completamente alcoolizado, que acabaria sendo demitido por isso. Quem trabalha em restaurante sabe que uma hora ou outra vai ter que dispensar uma garçonete que foi flagrada bebericando um Bloody Mary, um garçom que se apodera do repique deixado pelo cliente, um chefe de fila que tem uma recaída de alcoolismo, um caixa que trabalha chapado e nunca consegue bater os números no fechamento.

Segundo alguns garçons que trabalharam comigo no Clô, a jornada dupla e puxada é um dos principais motivos de entrarem nesse mundo. Muitos deles acordam cedo para poder chegar ao restaurante, trabalham no turno do almoço e, depois de um breve intervalo, que na maioria das vezes é passado no próprio local, voltam para o turno do jantar, que costuma se estender bastante, dependendo do dia da semana. São dispensados depois da longa jornada, e nesse horário é quase impossível conseguir um ônibus para chegar em casa. Cheios de adrenalina e sem sono, costumam ir a algum bar tomar uma cerveja enquanto esperam os coletivos voltarem a circular. Chegam em casa com o dia amanhecendo, tomam um banho e tentam dormir algumas horas antes de recomeçar todo o ciclo. Muitos nem dormem e se valem de alguns tiros de cocaína para conseguir voltar ao trabalho. Por isso, nunca pergunte a um garçom o que mais ele faz da vida. É provável que nem vida ele tenha.

No Arturito, depois de dois anos, estávamos com pelo menos 80% dos garçons da inauguração. Chegamos a ganhar, por duas vezes seguidas, o prêmio da *Veja* como melhor restaurante em sua categoria. Mesmo sabendo que a comida era espetacular e fator determinante na premiação, Paola fazia questão de dividir o prêmio com todos os colaboradores. Isso nos deixava com uma sensação ótima de dever cumprido.

Eu me sentia muito bem trabalhando no restaurante. Tinha ótimos garçons, pessoas competentes no bar e clientes interessantes para interagir. Uma atmosfera profissional muito agradável. Mas no campo pessoal alguma coisa me incomodava. Eu queria voltar a estudar. Sentia a necessidade de me especializar em algo que não tivesse, necessariamente, a ver com restaurantes. Não foi difícil escolher o Jornalismo, ainda mais quando soube que a garota que trabalhava no caixa estava pensando no mesmo e um deu corda para o outro. Era um desafio voltar a uma sala de aula após quinze anos.

Por conta do trabalho, eu teria que estudar de manhã, depois de ter trabalhado até tarde da noite. Mas estava decidido, queria ser jornalista especializado em gastronomia. Pareceu-me a opção mais sensata, já que não estava disposto a jogar fora minha experiência em restaurantes. E assim iniciei minha nova vida acadêmica.

No começo, sempre me perguntavam se eu iria, finalmente, largar os restaurantes e me aventurar em alguma investigação ou apresentação de telejornal. Foi uma fase chata, em que eu repetia sempre:

– Não, eu não vou deixar de trabalhar com restaurantes. Eu quero escrever sobre eles.

Os livros de gastronomia sempre estiveram presentes na minha vida, mas a partir do momento em que decidi o que gostaria de fazer dentro do Jornalismo, eles se tornaram uma obsessão. Um livro que apareceu na minha mão, enquanto olhava a seção de gastronomia da Livraria Cultura, foi *Um menu de aventuras*, de Phoebe Damrosch, com o intrigante subtítulo *Como me tornei expert na arte de servir*. É o relato de uma garçonete sobre os bastidores do Per Se, um dos melhores restaurantes de Nova York e que tem como proprietário o chef Thomas Keller, um dos favoritos da Paola. Eu li esse livro praticamente no mesmo dia e emprestei para todos os garçons que se mostraram interessados em aprender algo novo.

Muito do que era relatado no livro já adotávamos no Arturito, mas eu queria ainda mais. Emprestei o livro para Paola com tanto entusiasmo que ela concordou com alguns dos métodos aplicados à brigada do Per Se. A capa da edição brasileira, ao contrário da americana, não é muito atrativa e não transmite de forma clara o assunto do livro, mas o relato, nada técnico, é cheio de inspiração e muito esclarecedor. Foi muito interessante saber que a filosofia de trabalho do chef Thomas Keller era similar à da Paola. Até hoje recomendo esse livro a todos que se interessam por restaurantes e não fazem a mínima ideia de como eles funcionam. Meu exemplar está sempre emprestado para alguém que trabalha comigo – é uma forma de compartilhar minha visão sobre como deve ser encarado o trabalho em um restaurante.

Um fato curioso abordado por Phoebe é o relacionamento dela com André, o sommelier do Per Se. Todos sabem que manter um relacionamento com alguém que não trabalha na área é complicado, por conta dos horários que nunca batem. Mas manter um relacionamento com um colega também não é muito fácil. Temos toda uma gama de questões éticas e comportamentais, fora os comentários maldosos que surgem pelas costas, tornando o ambiente extremamente hostil. Phoebe soube lidar muito bem com a situação, fazendo o que se espera nesses casos – escolher entre o emprego e o relacionamento. Ela largou a posição de capitã do serviço do Per Se para se casar com André, que continuou trabalhando como sommelier no restaurante.

Curioso também foi o fato de eu mesmo ter me envolvido com uma das garçonetes do Arturito. Fernanda era uma das mais promissoras e determinadas a conquistar seu espaço no restaurante. Era natural que chamasse minha atenção, fora o fato de ser encantadoramente linda. Começamos a nos encontrar fora do ambiente de trabalho, cada vez com mais frequência. E a cada dia crescia a dúvida: qual a melhor forma de proceder com relação a nossa atitude no restaurante? Por mais que nos esforçássemos em manter as aparências durante o trabalho, era nítido para todos o que estava acontecendo. Comentários estavam por toda parte e a rádio peão começou a investigar. Em todos esses anos, eu nunca tinha passado por algo semelhante. De uma hora para outra, os funcionários começaram a demonstrar certa hostilidade nas rodinhas de conversa. Era necessário tomar alguma atitude, mas eu não tinha muita certeza de como nem quando.

Eu não queria expor algo para a Paola que pudesse comprometer nossas posições, sem antes ter absoluta certeza do que estava acontecendo entre mim e Fernanda. Assim, levei alguns meses para contar o que ela já imaginava. Foi um choque. Paola me olhou com uma naturalidade nervosa e disse algo como:

– Bom, vocês sabem o que fazem, vamos comunicar para a brigada e seguir normalmente.

Mesmo saindo aliviado da conversa, eu sabia que a partir daquele momento as coisas não seguiriam mais normalmente.

Sobremesa

Sem açúcar! Doce, já basta a vida

Depois de um tempo tentando levar o relacionamento no trabalho como se fosse a coisa mais normal do mundo, a situação ficou meio esquisita. Estava completamente vulnerável, confuso e me sentindo culpado. Eu passava por situações muito desgastantes com os funcionários, que se aproveitavam dessa minha condição.

Comecei a ser alvo de chantagens e joguinhos de poder. Estava perdendo o controle e o respeito da brigada. Várias vezes discuti e demiti funcionários durante uma reunião, simplesmente porque não aguentava as insinuações maliciosas. E, para piorar, no dia seguinte a pessoa ia se queixar para a chef, que acalmava os ânimos por mais alguns dias. Mas isso não funcionaria por muito tempo. Diante dos fatos, Paola preferiu desligar a Fernanda.

Foi uma derrota muito grande para mim. Eu me senti profundamente culpado por ter interrompido a trajetória de alguém que tinha todo o potencial para crescer dentro do restaurante.

Hoje, se tivesse que dar um conselho para alguém em situação delicada como essa, eu diria: "Siga seu coração. Se você realmente acredita que encontrou um amor verdadeiro, não perca tempo, vá procurar outro trabalho e seja feliz". Emprego nenhum deveria impedir alguém de conhecer sua alma gêmea, pois, diferente de um emprego em restaurante, um amor não se encontra assim facilmente.

Nos dias que se seguiram, eu estava completamente perdido e apático no salão. Para mim não fazia mais diferença cobrar nada de ninguém, queria apenas que o dia terminasse logo. E assim, lentamente, perdi o controle do trabalho.

Nas horas de crise é que percebemos quem realmente é profissional. Pessoas que estavam do meu lado e que foram preparadas com todo o cuidado por mim agora tentavam puxar meu tapete. Eu já não me importava e a cada dia buscava forças para sair de casa e trabalhar. Estava presente apenas de corpo, sem alma, como se fosse apenas mais um dos sofás da área de espera. Novamente Paola teve que intervir e pôr as coisas nos trilhos. Em uma reunião com todos os funcionários, aproveitou para comunicar que reformularia o conceito do restaurante, e que o Arturito passaria a funcionar também para almoço. Para essa missão, uma consultoria foi contratada.

A Officinatres, empresa especializada em projetos de conceituação, implantação, reestruturação, treinamento e modelos de gestão, logo começou seu trabalho. A diretora de operações, Heloisa Mäder Velloso, teve várias conversas comigo e com a brigada durante uma semana, para entender os problemas que estavam ocorrendo no Arturito. Voltei a me empolgar por conta do trabalho inspirador e motivacional que Heloisa planejava fazer.

Foi um trabalho intenso, durante o qual toda a brigada passou por diversas avaliações para saber se realmente estavam aptos para a nova empreitada. Durante as semanas que se seguiram, foram desligados alguns funcionários que não estavam de acordo ou não se encaixavam nesse novo esquema de trabalho. Outros mais qualificados foram contratados. Dessa forma, a energia voltou a ficar positiva. Acompanhei de perto todo o processo que Heloisa estava implantando na sala e aprendi uma nova forma de lidar com adversidades corriqueiras na profissão. Conheci um pouco mais sobre os diferentes tipos de garçons disponíveis no mercado e a exigência de cada restaurante em relação aos profissionais. Geralmente o tipo está relacionado ao estilo de serviço que se pretende oferecer. Um restaurante mais formal, por exemplo, busca garçons mais experientes e não tão jovens, enquanto um restaurante do tipo informal, para um público mais jovem, busca pessoas que refletem esse estilo.

Cheguei a discutir minha teoria sobre o serviço em restaurantes de São Paulo com a Heloisa. Para mim, o tipo de serviço é determinado pelo tipo de público que frequenta o restaurante. Enquanto o público se comportar como se estivesse numa corte, cercado de serviçais que supostamente estão ali para satisfazer a todos os seus caprichos sem reclamar, nada vai melhorar. O coronelismo ainda reina no Brasil e dita as regras de hospitalidade baseadas na subserviência. É um círculo vicioso. O garçom faz o que o cliente quer, o dono do restaurante aprova, pois acha que precisa satisfazer as vontades dele, o cliente se aproveita e exige cada vez mais mordomias, e dessa forma o serviço vai para o espaço. E assim estamos até hoje.

Havia também todo um projeto de redecoração para o ambiente do Arturito. Algo que, segundo a Paola, traria mais leveza e cor. Eu achei que descaracterizaria completamente o restaurante – esse tipo de pensamento não combinava com o entusiasmo coletivo pelo novo projeto. Voltei a sentir aquela estranha sensação de deslocamento.

Minha posição no restaurante começou a pesar nesse novo esquema. Eu fiquei caro para o novo tipo de operação, já que não poderia fazer o turno do almoço por conta da faculdade. Constantemente essa questão era jogada na minha cara, por isso eu me sentia ainda pior.

A situação ficou insuportável quando foi contratada uma nova gerente-geral para o restaurante. Uma pessoa nova, sem a mínima experiência no ramo, não iria muito longe sem causar grande estrago na equipe – pensei novamente como um sofá. Além disso, passei a dividir a gestão da sala com uma garçonete que foi promovida a gerente de sala do almoço. Por ironia, uma das que insisti em demitir e que Paola segurou. A garçonete se saiu muito bem, o que só mostrou quanto eu havia errado ao demiti-la em um momento de confusão e estresse. Hoje somos amigos e damos boas risadas desse infeliz episódio.

    Depois que a Heloisa finalizou o processo de reestruturação as coisas funcionaram por um breve período, mas os ideais que ela havia proposto se perderam com a necessidade de os funcionários terem que fazer jornada dupla. Poucos garçons concordaram em trabalhar nos dois turnos, o que nos obrigou a ter uma escala com uma turma que dobrava e a outra não. Logo aconteceu o previsto: os garçons que faziam dois horários não achavam justo alguns cumprirem somente um horário e começaram a se rebelar, faltando por motivos banais – isso quando se davam ao luxo de comunicar o gerente. Eu fazia parte do time que não dobrava e me sentia bastante cobrado por isso. Mas não abandonaria a faculdade àquela altura, então, na condição de sofá, resolvi aguentar mais um tempo. Era visível a minha falta de interesse e, por mais que dissesse o contrário, não me animava a ponto de convencer alguém. Paola, depois de inúmeras conversas me cobrando atitude, fez o que precisava ser feito: me demitiu.

Um café e a conta, por favor

Um final quente e amargo

Não posso dizer que fiquei triste por ter saído do Arturito. Fiquei triste por, de certa forma, ter desistido dele. Talvez devesse ter saído antes de perder o encanto e deixado melhor impressão. Se me perguntassem, eu aconselharia: não permaneça em um lugar onde você já não soma mais nada. Vale lembrar a frase que Phoebe seguia no Per Se: "Isso é o melhor que você pode fazer?". Se você já não sentir que essa frase incomoda, não há mais motivação. Saia imediatamente, antes que você se torne apenas mais um sofá.

O serviço no Arturito não estava melhor ou pior do que em outros estabelecimentos, mas sempre estava ruim para a Paola. A maioria dos proprietários, minimamente preocupados com seu negócio, sempre está insatisfeita com o tipo de atendimento oferecido aos clientes, mas não fazem a mínima ideia de como melhorá-lo. Sempre que possível, buscam investir na estrutura física dos restaurantes, incorporam uma variedade cada vez maior de insumos e produtos ao cardápio, e tudo isso na esperança de surpreender a clientela e desviar o foco do atendimento.

Não se resolve a questão do serviço de um dia para o outro, nem com todo o treinamento do mundo. Treinamento é muito útil para quem quer aprender e tem capacidade de assimilar as informações. Não estou dizendo que é necessário ter doutorado, na verdade o que realmente conta é a entrega do profissional. Alguém só aprende alguma coisa quando se entrega de corpo e alma. O que é preciso para ter garçons comprometidos e apaixonados pelo que fazem? O que falta para que essa função seja respeitada e motivo de orgulho para quem a executa?

Questionamentos e teorias sobre o tipo de serviço encontrado em restaurantes de São Paulo me perseguiam havia muito tempo. Queria descobrir o porquê de existir um determinado perfil de garçons em quase todos os lugares, por que a profissão é tão desprezada por pessoas mais instruídas, os motivos pelos quais os donos de restaurantes não colaboram para que haja uma mudança nesse perfil e tantos outros.

Sem antes entender melhor essas questões, eu não me imaginava mais trabalhando nesse ramo. Não existe uma fórmula mágica para resolver os mesmos problemas que encontraria em qualquer outro restaurante, mas precisava encontrar algo que me motivasse a seguir em frente. Depois de algumas semanas de folga e sem perspectivas, o destino acendeu uma luz. Havia encontrado uma motivação. Eu tentaria encontrar as respostas para os meus questionamentos e, dessa forma, uma maneira de melhorar o atendimento de sala.

Uma última cortesia

Digestivo?

Comecei a pesquisar na internet sobre a origem do serviço e me deparei com o *Manual dos anfitriões*, de Grimod de la Reynière, publicado em 1808. O manual de Grimod é possivelmente o primeiro tratado sobre gastronomia de que se tem notícia. Ele é dividido em três partes: tratado de dissecação de carnes, que ensina a trinchar diversos tipos de carne, inclusive peixes; tratado dos menus, para elaborar cardápios de acordo com as estações do ano; e um tratado sobre elementos de delicadeza gourmande. Essa última parte apresentava regras e protocolos para organizar o serviço de mesa e de vinhos.

Destinava-se a grandes casas de banquetes e restaurantes de luxo da época, frequentados por clientes que conheciam todas as regras de etiqueta e de serviço. Foi, portanto, o manual que determinou as primeiras diretrizes da restauração moderna.

Com o tempo e a disseminação de restaurantes de todas as categorias, a maioria dessas regras foi se perdendo ou sendo simplificada, para proporcionar um serviço mais rápido e eficiente. O garçom já não precisa mais saber dobrar um guardanapo de dez maneiras diferentes, destrinchar ou flambar algo no meio da sala. Ainda acontece vez ou outra, como um espetáculo esporádico, e na maioria das vezes é executado por um dos cozinheiros. O garçom já não é apenas um transportador de comida. Ele ainda a transporta, mas está mais para um vendedor e relações-públicas. É necessário saber conversar com o cliente sobre diversos assuntos, saber os conceitos básicos de cozinha para melhor explicar um prato, ter noções sobre uvas e vinificação para auxiliar na escolha de um vinho e praticar as mínimas regras de etiqueta para ajudar o cliente que não sabe a ordem correta dos talheres postos à mesa.

O que mais se deve esperar de um garçom? Talvez ajudar a aumentar o faturamento, aperfeiçoar os procedimentos operacionais, satisfazer e fidelizar os clientes. E o que se deve esperar dos empresários do ramo? Que percebam a importância da brigada, que pode e deve contribuir para melhorar os resultados. Que busquem um diálogo com os coordenadores dos cursos profissionalizantes, que ainda se baseiam nas regras e metodologias da antiga escola hoteleira, e apresentem sugestões para alterar o método de ensino de acordo com as novas exigências do mercado.

Danny Meyer, em seu livro *Hospitalidade e negócios*, segue um modelo vitorioso de gestão que ele chama de "O ciclo virtuoso da hospitalidade consciente". Ele diz: "Há cinco participantes principais a quem dedicamos nossa mais cuidadosa e atenciosa hospitalidade e nos quais temos o maior interesse. Dar prioridade a essas pessoas, nessa ordem, é o princípio básico de toda decisão que tomamos, e é a mais importante contribuição individual para o permanente sucesso de nossa empresa".

A ordem de importância, segundo ele, deve ser: os empregados, os clientes, a comunidade, os fornecedores e, por fim, os investidores. A explicação é simples: "Os interesses de nossos empregados devem ser colocados imediatamente à frente dos de nossos clientes porque a única maneira de podermos consistentemente merecer elogios, ter visitas repetidas e desenvolver laços de lealdade com nossos clientes é primeiro assegurar que nossa equipe tenha grande entusiasmo em vir trabalhar. Ter entusiasmo é a combinação de se sentir motivado, ter fervor, confiança, prazer e estar em paz pela escolha de trabalhar em nosso time".

O chef Julio Bernardo, que teve restaurante e hoje se dedica a escrever sobre eles, tem uma opinião a respeito do atendimento em diversos restaurantes de São Paulo: "Hoje o profissional trata o ofício como um emprego qualquer, não tem a menor vocação pra coisa e pensa apenas em sua comissão. Trata o próprio cliente como uma mercadoria. Tem o dinheiro como meta, não como consequência, e poucas são as exceções. É um profissional que não se renovou. Falta de estrutura e de cursos de reciclagem colaboraram para isso".

Ainda segundo o chef, dependendo do tipo de estabelecimento, diferentes experiências são esperadas. Em um restaurante de alto padrão, um serviço técnico, que pense no cliente e não no prato mais caro. Em um estabelecimento mais modesto, simpatia e autenticidade são essenciais. Gentileza, atenção e conhecimento do cardápio são fundamentais em ambos os casos. O ideal é que cada brigada conheça bem o proprietário e seja o reflexo dele no salão.

Para a consultora Heloisa Mäder, atender e servir são duas coisas bem distintas: "Atender, qualquer um atende, pois é ouvir e entregar. Para servir é necessário conhecer o outro, ter a perspicácia de entender suas necessidades e anseios".

Para melhor compreensão desse conceito é preciso buscar as origens dos termos *serviço* e *garçom*.

Segundo Heloisa, a função de garçom no Brasil ainda está muito vinculada à cultura escravagista, em que o serviçal estava sempre à disposição do seu patrão.

Pesquisando um pouco, encontramos vários exemplos depreciativos a respeito da servidão. Em todas as épocas nas quais a lei do mais forte prevalecia, os derrotados em batalhas eram escravizados e condenados a servir os vitoriosos. Povos mais evoluídos, como os faraós do Egito, aproveitavam para dominar os menos cultos e obrigá-los à condição de servos. Na Roma

Antiga, quem não podia pagar os impostos pagava com serviços domésticos nos palácios servindo os alimentos. No Oriente existia a cultura de servidão ao oponente que vencia a batalha.

Durante a época da colonização europeia, que dominou países da África, para ter mão de obra barata na forma de escravidão passou-se a ensinar regras de etiqueta e hospitalidade para atender as mansões dos imperadores. Na época das revoluções, o mundo evoluiu bastante e a escravidão mudou de nome, passando a chamar-se servidão. A França se destacou mais, pois já vinha ensinando regras de etiqueta aos seus serviçais, e a fama desse serviço influenciou o mundo. Inclusive o termo *garçon*, em francês, quer dizer "menino", já que apenas os servos menores podiam servir a corte. Com a revolução industrial, o conceito de servidão mudou para prestação de serviços.

Passar de serviçal para empregado foi uma reviravolta muito grande na mente dessas pessoas, que teriam, também, direitos e não só deveres. Agora, o garçom, antigo servo, é visto como funcionário, com tudo regulamentado e dentro da lei trabalhista. O conceito pode ter mudado, mas a mentalidade ainda não. Servir, servir, servir com o máximo de eficiência e o mínimo de custo possível e ainda sujeito a punição em caso de erro. Fica fácil saber por que ninguém mais quer trabalhar como garçom.

O termo "garçom", no *Dicionário Houaiss*, tem a seguinte definição: "Empregado encarregado de servir as pessoas em restaurantes, cafés, coquetéis, residências etc. Fem.: *garçonete*".

A sommelière e maître Fernanda Jorge acredita que as coisas estejam mudando: "A gente teve um momento em que os nordestinos dominavam o serviço em São Paulo. Essas pessoas migravam em busca de oportunidades e acabavam caindo na restauração, uma opção para quem não sabia ler ou escrever direito. O serviço sempre precisará dessas pessoas que têm o trabalho como diferencial, mas cada vez mais o público quer alguém mais bem informado, que fale corretamente e que tenha uma experiência de mundo maior. O trabalho de salão não foi feito para uma pessoa começar garçom e morrer garçom, se aposentar garçom. É um trabalho que tem que ser transitório na vida. Tem que ter fase".

Isso me lembrou da vez em que o Sergio Kalil, do Ritz, me viu trabalhando no Arturito e disse:

– Você não está meio velho para trabalhar no salão de um restaurante?

Aquilo fez com que eu me sentisse muito mal por continuar nesse ramo. Ele sempre pregava aos garçons que trabalhavam em algum de seus restaurantes que aquele trabalho deveria ser algo passageiro e não definitivo. As pessoas deveriam seguir seus sonhos e trabalhar com algo de que realmente gostassem. Eu ficava feliz toda vez que algum dos garçons – ou garçonetes – do Ritz se tornava ator ou cantor famoso, e pensava: "Por que eu não posso ser feliz trabalhando em restaurantes?".

Existem muitas maneiras de trabalhar em restaurantes ou com restaurantes. Prefiro acreditar que uma evolução dentro da estrutura é algo muito positivo e estimulante. Concordo que começar garçom e morrer garçom não deveria ser o objetivo. Mas, para crescer, um garçom precisa ter agilidade, raciocínio rápido, capacidade de observação, paciência, organização, flexibilidade, disponibilidade de horário, simpatia, proatividade e muita responsabilidade. Não existe uma formação necessária, porém é imprescindível que o profissional seja alfabetizado para que possa passar por alguns cursos de especialização e treinamento de capacitação para se destacar no mercado de trabalho.

O chef e professor de gastronomia William Ribeiro tem uma opinião bem clara sobre o que acontece com o serviço de restaurantes em São Paulo em comparação com outros países: "A coisa toda já começa com a chegada das pessoas ao restaurante. A gente não respeita horário, faz uma reserva e simplesmente não vai ou então chega meia hora depois, e quando chega não quer esperar. Nós não nos adaptamos às regras do restaurante, isso é cultural. Achamos que o restaurante é um clube onde devem atender a todas as nossas vontades. Na Europa você não vê garçom paparicar cliente. A regra é: não gostou, não se adaptou a esse restaurante? Há mil outros em que possivelmente vai se adaptar. Ninguém faz os malabarismos que a gente faz aqui no Brasil. Mas há um lado positivo nisso. São Paulo se tornou esse polo gastronômico também em função dessa exigência toda e desse nosso costume – isso fez com que a gente tivesse esse jogo de cintura. O brasileiro é um povo supersorridente e simpático e isso você também não vê lá fora".

A diferença é essa mesmo, o europeu se adapta às regras da casa e o garçom não desvia o foco do atendimento para ter que bajular o cliente.

Assim como existem regras de atendimento em um restaurante, deveriam existir regras de comportamento para os clientes. Esse delírio coletivo dos garçons virou uma brincadeira com um fundo de verdade. Um sommelier criou um site chamado Angry Sommelier, algo como "sommelier zangado", para, com base na experiência do dia a dia, postar algumas situações em que os clientes costumam irritar os funcionários de restaurantes, seja devolvendo uma garrafa de vinho perfeito, apenas para impressionar a namorada, desrespeitando a cozinha ao fazer pedidos esdrúxulos, pedir chorinho na dose, tratar mal os funcionários e muitas outras. Lembro-me de um artigo, agora sério, publicado no jornal *The New York Times*, com uma lista de 100 coisas que os funcionários de restaurante jamais deveriam fazer, como: nunca diga "não sei" a um cliente, a menos que seja seguido de "vou descobrir", ou nunca deixe um copo vazio na mesa por muito tempo. Vale a pena dar uma pesquisada e perceber que algumas dessas regras são bem técnicas e frias, bastante apropriadas aos costumes americanos.

Algumas semanas se passaram e eu já havia falado com muitas pessoas, lido muitos livros e visto muitas coisas, porém ainda não havia encontrado uma fórmula mágica que me apontasse o caminho certo. É bem provável que nunca encontre uma fórmula definitiva. Afinal, as pessoas sempre serão diferentes. O importante é nunca desistir de buscar a estratégia mais adequada para a sua equipe. Não importa qual o perfil, e sim o que a motiva – alguém para liderar e que a faça entender que as coisas podem ser diferentes, melhores, que lhe traga orgulho e reconhecimento pelo seu esforço. Eu estava com muito gás, empolgado, querendo uma equipe nova para liderar. Estava pronto para meu próximo restaurante.

Mas por que alguém iria querer seguir minha liderança?

Referências

Livros

BECK, Heinz; GIRAUDO, Umberto; PINOLI, Simone; REITANO, Marco. *Arte e ciência do serviço*. São Paulo: Anhembi Morumbi, 2005.

Belíssimo livro do tipo arte, que ficaria lindo na mesinha de centro. Na verdade é um manual básico de hotelaria e restauração ricamente ilustrado. Muito bom se você quer saber como proceder ao atender algum rei ou rainha, desde que não seja no Brasil. Completamente fora da nossa realidade, a obra mata nossa curiosidade sobre como seria o serviço em algum castelo europeu.

BOURDAIN, Anthony. *Cozinha confidencial*. São Paulo: Companhia das Letras, 2012.

Anthony Bourdain é um dos chefs americanos mais respeitados e com longa carreira no ramo. Nesse seu primeiro livro ele faz um relato do início da carreira, em que conta sem rodeios as verdades que regem uma cozinha de restaurante. Esse livro foi uma grande fonte de inspiração, não só pela forma de escrever, mas na forma de apresentar os capítulos do meu livro.

BOURDAIN, Anthony. *Ao ponto*. São Paulo: Companhia das Letras, 2011.

Esta é uma continuação do *Cozinha confidencial* – ele descreve os bastidores da cozinha como chef respeitado e apresentador de programas. Como se trata de continuação e segue a mesma ideia do anterior, acabou sendo mais do mesmo.

BUFORD, Bill. *Calor*. São Paulo: Companhia das Letras, 2007.

Bill Buford apresenta um panorama parecido com o de Anthony Bourdain, mas com uma particularidade que faz toda a diferença. Bill é, na verdade, um jornalista, e quando resolve escrever um livro sobre bastidores de cozinha ele faz uma imersão nesse universo. Quarentão, já era considerado velho para ingressar em uma brigada profissional, mas como conhecia o chef Mario Batali, o convenceu a deixá-lo trabalhar, na condição de escravo, em sua cozinha. Essa obra apresenta, portanto, uma visão de dentro da cozinha por alguém que nunca pensou em ser cozinheiro. Algumas situações relatadas são iguais em qualquer parte do mundo e a forma como ele as relata me inspirou a descrever alguns processos de aprendizado que eu vivenciei.

DAMROSCH, Phoebe. *Service Included*. New York: William Morrow, 2007.

Se tivesse que recomendar um único livro para alguém que não faz ideia do que é trabalhar em restaurantes, seria esse. Mesmo com o péssimo título nacional de *Um menu de aventuras*. Temos aqui o relato de uma ex--garçonete desde o momento em que começa no ramo, mas o suprassumo é sua passagem pelo famoso Per Se, restaurante ícone de Nova York. Phoebe relata todo o processo de abertura, treinamento, filosofia do chef e todo tipo de problema que ocorre em grandes restaurantes. O relato é direto, sem muito detalhamento técnico, mas com clareza necessária para entreter leigos e entendidos da mesma forma. Uma visão honesta de alguém que vivenciou o dia a dia trabalhando duro em restaurantes. Foi minha principal referência na maneira de conduzir o texto.

DISNEY INSTITUTE. *O jeito Disney de encantar os clientes*. São Paulo: Saraiva, 2011.

A Disney é mundialmente reconhecida por seus inúmeros personagens, mas também por sua incrível forma de proporcionar hospitalidade aos milhões de clientes. Esse livro foi recomendado por um colega de trabalho e me fez entender que realmente a forma de atender faz toda a diferença, seja em restaurantes ou em qualquer outro negócio. É um livro que precisa ser entendido lentamente. O manual explica não só a forma de proporcionar hospitalidade, mas também o contexto em que ela deve ser utilizada.

FREIXA, Dolores; CHAVES, Guta. *Gastronomia no Brasil e no mundo*. Rio de Janeiro: Senac, 2009.

> Ótimo livro que mostra as origens da gastronomia de forma bastante simplificada. Direcionado a estudantes de gastronomia, ele aborda vários aspectos como se fosse um almanaque. Serviu para consulta constante durante os entraves históricos que encontrava em determinado capítulo do meu projeto. É um livro que não pode faltar na sua estante, seja você estudante ou não.

GILL, Michael Gates. *Como a Starbucks salvou minha vida*. Rio de Janeiro: Sextante, 2008.

> Mais um livro de relato, mas em ambiente de cafeteria. Aqui o foco é outro. Michael tinha 60 anos quando precisou recomeçar sua vida após perder a presidência de uma grande agência de publicidade e ter um tumor maligno diagnosticado no cérebro. A maneira como esse senhor descreve sua rotina de aprendizado é encantadora e nos mostra como uma empresa moderna deveria preparar seus funcionários por meio de incentivos. A mudança que uma empresa séria faz em um indivíduo que se dispõe a entregar sua vida a um objetivo é um exemplo de que as coisas podem, sim, funcionar.

KLADSTRUP, Petie; KLADSTRUP, Don. *Vinho & guerra*: os franceses, os nazistas e a batalha pelo maior tesouro da França. Rio de Janeiro: Jorge Zahar, 2002.

> Este livro apresenta algumas histórias interessantes sobre como funcionavam os restaurantes em tempos de guerra. Focado mais em vinhos, acabou não influenciando muito no meu projeto, mas de certa forma contribuiu para entender um pouco o contexto histórico e como os restaurantes precisavam ser criativos para driblar os nazistas, que insistiam em saquear seus estoques.

LIMA, Edvaldo Pereira. *Páginas ampliadas:* o livro-reportagem como extensão do jornalismo e da literatura. 2. ed. Campinas: Editora da Unicamp, 1995.

> Obra indispensável para entender e dar suporte à minha escolha na maneira de relatar os bastidores de alguns restaurantes pelos quais passei. A leitura necessária dessa obra teórica me mostrou as diferentes possibilidades de linguagem que podem ser aplicadas em um livro-reportagem.

MEYER, Danny. *Hospitalidade e negócios*: o rei da gastronomia de Nova York conta os segredos do sucesso. São Paulo: Novo Conceito, 2007.

Outro livro fundamental para entender como a hospitalidade é a alma do negócio. Danny é proprietário de vários restaurantes de sucesso em Nova York e faz questão de ressaltar a importância da hospitalidade nos negócios e na vida. Embora mais técnico e por vezes cansativo, o livro explica de forma bastante clara os passos que foram utilizados em todos os seus restaurantes. Algumas ideias geniais se mostram bastante erradas e vice-versa, mas sempre se consegue extrair alguma lição. Muitos conceitos de *Hospitalidade e negócios* foram utilizados em treinamentos que realizei com as brigadas de restaurantes.

O'ROURKE, P. J. *Etiqueta moderna*: finas maneiras para gente grossa. São Paulo: Conrad, 1999.

Totalmente focado no humor, esse livro me inspirou com algumas tiradas para relatar algumas gafes de clientes com o tom necessário.

PACHECO, Aristides de Oliveira. *Manual do Maître d'Hotel*. São Paulo: Senac, 2003.

Um livro técnico, chato, mas que serve para consulta. É um manual básico de serviço e pode ser muito útil para quem está iniciando no ramo.

RENTERÍA, Enrique. *O sabor moderno*: da Europa ao Rio de Janeiro na República Velha. Rio de Janeiro: Forense Universitária, 1998.

Obra fantástica que narra os primórdios da gastronomia até hoje. Apresenta um texto bastante técnico e cheio de referências de obras clássicas. Difícil num primeiro momento, sugiro que seja saboreado em partes. Obra fundamental para quem gosta do tema.

SCHOTT, Ben. *A miscelânea da boa mesa de Schott*. São Paulo: Intrínseca, 2003.

Livro de bolso com milhares de curiosidades a respeito da boa mesa. Há de tudo realmente, desde a forma correta de se dobrar guardanapos até a melhor maneira de tomar sopa sem molhar sua barba. E o melhor: é um livro sério.

SELDON, Philip. *O mais completo guia sobre vinho*. São Paulo: ARX, 2003.

> Meu livro definitivo sobre vinhos. Com ele aprendi os fundamentos necessários para me aventurar nesse mundo tão complexo. Ele me ajudou muito pouco na elaboração do meu livro, mas, mesmo assim, o considero fundamental para meu próprio aprendizado.

TUCKERMAN, Nancy; DUNNAN, Nancy. *O livro completo de etiqueta de Amy Vanderbilt*. Rio de Janeiro: Nova Fronteira, 2000.

> O mais legal desse tijolo de quase mil páginas é o fato de ele ser comentado por Carmen Mayrink Veiga. Só isso já justificaria a compra do livro. A tal da Amy Vanderbilt era americana, autoridade em etiqueta, que publicou esse livro em 1952 e é sucesso mundial desde então. A versão que eu tenho foi reescrita e atualizada pelas duas Nancys e a editora achou que a senhora Carmen poderia, por meio de comentários, adequar as regras aos brasileiros. Ficou divertidíssimo saber, por exemplo, a forma mais elegante de escrever seus dados na lápide do túmulo. Livro obrigatório.

Internet

AO RESTAURANTE:
http://www.cobra.pages.nom.br

A ORIGEM DA HOTELARIA:
http://guiaderestaurante.beiralink.com

MANUAL DE SERVIÇO DO GARÇOM:
http://books.google.com.br

HOW TO BE A WAITER:
http://www.wikihow.com/Be-a-Waiter

VINHATERIA:

http://vinhateria.com

SABER PARA COMER:

http://saberparacomer.blogspot.com.br

A TRANSIÇÃO DO FEUDALISMO PARA O CAPITALISMO:

http://blogdorosuca.files.wordpress.com

ANGRY SOMMELIER:

http://angrysommelier.wordpress.com/

100 THINGS RESTAURANT STAFFERS SHOULD NEVER DO:

http://boss.blogs.nytimes.com

NINA HORTA:

http://ninahorta.blogfolha.uol.com.br

CHEF JULIO BERNARDO:

http://botecodojb.blogspot.com.br

LUIZ AMERICO CAMARGO:

http://blogs.estadao.com.br/luiz-americo-camargo

FOOD & WINE MAGAZINE:

http://www.foodandwine.com

Boas maneiras consistem em fazer precisamente o que todo mundo acha que deve ser feito, principalmente quando ninguém sabe direito o que é isso.

P. J. O'Rourke

Deus manda a comida, o diabo manda os cozinheiros.
Thomas Deloney